O CONSELHO
PRESBITERAL

JOSÉ FRANCISCO FALCÃO DE BARROS

O CONSELHO PRESBITERAL
Aspectos jurídicos e pastorais

EDITORA
SANTUÁRIO

COORDENAÇÃO EDITORIAL: Elizabeth dos Santos Reis
REVISÃO TÉCNICA: Pe. Carlos da Silva, C.Ss.R.
COPIDESQUE: Maria Isabel de Araújo
REVISÃO: Ana Lúcia de Castro Leite
DIAGRAMAÇÃO: Alex Luis Siqueira Santos
CAPA: Marco Antônio Santos Reis

Dados Internacionais de Catalogação na Publicação (CIP)
(Câmara Brasileira do Livro, SP, Brasil)

Barros, José Francisco Falcão de
O Conselho Presbiteral: aspectos jurídicos e pastorais / José Francisco Falcão de Barros. — Aparecida, SP: Editora Santuário, 2004.

ISBN 85-7200-932-9

1. Conselhos presbiterais diocesanos 2. Direito canônico 3. Igreja – História 4. Teologia pastoral I. Título.

04-5061   CDD-262.02

Índices para catálogo sistemático:

1. Conselhos presbiterais: Igreja Católica: Cristianismo 262.02

Todos os direitos reservados à **EDITORA SANTUÁRIO** — 2012

Composição, CTcP, impressão e acabamento:
EDITORA SANTUÁRIO – Rua Padre Claro Monteiro, 342
12570-000 – Aparecida-SP – Fone: (12) 3104-2000

APRESENTAÇÃO

Solicitado a fazer a apresentação desta obra do Padre José Francisco Falcão de Barros, do Presbitério de Palmeira dos Índios, Alagoas, encontrei nisso motivo de grande conforto e alegria, mercê do significado que nela antevejo para a formação de nossos futuros sacerdotes e para o dia-a-dia de nossas Igrejas Particulares. Recolhendo a rica experiência de comunhão acumulada ao longo da história da Igreja, o Concílio Vaticano II trouxe novas luzes à vida do Bispo e de seu Presbitério, fazendo disso motivo e sinal para a unidade de toda a Igreja. Essas luzes inspiraram um conjunto de normativos pós-conciliares que hoje servem de guia para nós, Bispos e Presbíteros, na construção dessa relação de paternidade, de filiação e de fraternidade que, possibilitando-nos experimentar nela o mistério da Santíssima Trindade, constrói a unidade de nossa Igreja Particular e nos faz partícipes legítimos da Igreja Universal, fundada por Nosso Senhor Jesus Cristo.

Dentro desse conjunto de normativos, a Carta Circular *Presbyteri Sacra*, da Sagrada Congregação para o Clero, entre outros, cuida dos critérios para a constituição dos Conselhos Presbiterais nas Igrejas Particulares. Esses Conselhos são o objeto de estudo do Padre José Francisco nesta obra e o modo como ele os trata muito nos serve no esclarecimento do papel do Conselho Presbiteral na vida das dioceses e na vida de seus Bispos e Padres.

Não se trata de um manual de funcionamento do Conselho Presbiteral, nem de um apanhado das normas que a ele se referem. Trata-se de um estudo cientificamente elaborado, tangido por uma grande espiritualidade e por um grande amor à Igreja.

Encontrando o Conselho Presbiteral como o único organismo colegiado da Igreja chamado canonicamente de Senado, o *Senado do Bispo*, o Autor nos conduz à antiga história dos povos, sobretudo os gregos e romanos, e ali nos faz compreender o significado desse Instituto e, também, como a Igreja pode amorosamente se apropriar da experiência dos homens para melhor servi-los. Faz-nos encontrar, a seguir, as raízes desse Conselho, na Antiga Aliança e, mais ainda, na Nova Aliança, quando o Senhor Jesus, constituiu os Apóstolos, instituindo-os "à maneira de colégio, tendo Pedro como cabeça". A seguir, essa caminhada nos permite conhecer as luzes e sombras que permearam a história dos Presbíteros, dos Bispos e da Igreja ao longo dos séculos, onde pouco a pouco o Presbitério foi perdendo a luminosidade de seu significado até reencontrá-la mais plena, bela e vigorosa a partir do Concílio Vaticano II, de seus conseqüentes normativos e da rica experiência de comunhão que desde então se foi construindo.

Compreendido o conceito do Conselho Presbiteral e assegurada sua fundamentação teológica, o Autor, de forma competente e com muita clareza, trata dos aspectos jurídicos que envolvem o assunto, da forma e tempo de sua constituição, da representatividade do Conselho e de seus membros, assim como de seus direitos e deveres. Sem dúvida, esse minucioso estudo será de grande utilidade para todas as Igrejas, seus Bispos, seus Presbíteros e todo o Povo.

É particularmente valioso o capítulo onde se busca esclarecer em quais questões o Bispo deve necessariamente ouvir o Conselho Presbiteral, encontrando no Magistério o significado da disposição do cân. 500 na parte onde afirma, de forma genérica, que o Bispo deve ouvir o Conselho Presbiteral nas *questões de maior importância*. O minucioso levantamento das questões que assim podem ser consideradas é uma grande ajuda que se dá ao Conselho Presbiteral para a compreensão de seu principal papel de articulador da unidade da Igreja. Trata-se de um roteiro para a vida de comunhão e de serviço a que o Bispo e os Presbíteros são chamados.

Estendendo-se sobre o papel do Bispo, os estatutos e regimentos dos Conselhos e suas relações com os demais órgãos colegiais dos sacerdotes, além de expor detidamente sua compreensão sobre a duração do Conselho Presbiteral, o Autor oferece, como conclusão, um apêndice onde podemos encontrar propostas de textos para o Decreto de Convocação, Estatutos e Regimento do Conselho Presbiteral e, ainda, o texto do Decreto da CNBB, de 30.10.1986, que estabelece Normas Complementares sobre os Conselhos Presbiterais.

Todo esse trabalho, feito com esmero e fidelidade à Doutrina e ao Magistério da Igreja, fará desta obra uma referência daqui por diante. Almejo que ela seja conhecida e estudada nos institutos de formação do Clero em todo o Brasil e divulgada junto ao Episcopado, aos Presbíteros, aos Diáconos e ao Laicato, cumprindo sua vocação de serviço à unidade da Igreja.

Ao Autor, Padre José Francisco, meus cumprimentos e minha bênção, com os votos de que mais e mais ele possa colocar sua inteligência e sua dedicação a serviço da vocação a que fomos chamados.

G. M. Card. Agnelo
Cardeal Geraldo Majella Agnelo
Arcebispo de São Salvador da Bahia
Presidente da CNBB

INTRODUÇÃO

A eclesiologia do Concílio Vaticano II, ancorada nas várias imagens utilizadas para descrever a Igreja – dentre as quais se sobressai a de *Povo de Deus* –, está pautada nas grandes categorias de Mistério, Comunhão e Missão, nas fundamentais distinções entre sacerdócio real e ministerial, na revalorização e protagonismo do papel dos fiéis leigos na Igreja, na distinção entre os *tria munera Christi* – múnus profético, sacerdotal e pastoral –, na concepção da autoridade hierárquica como serviço e na teologia do episcopado e do presbiterado. Esta última, não menos que as anteriores, não pode ser compreendida sem um requisito primeiro e indispensável consagrado pelo Concílio: a noção de "comunhão hierárquica", na qual avultam alguns vínculos determinados em relação antes de mais com o Papa, com o Colégio Episcopal e com o Bispo próprio, aos quais cada Presbítero deve guardar filial respeito e obediência.

No ministério presbiteral, ordinariamente exercido em uma Igreja particular, a comunhão hierárquica se expressa nomeadamente de três formas: na celebração eucarística, na atividade ministerial e na pertença ao Presbitério. Na *celebração da Eucaristia*, o Presbítero reza pelo Papa, pelo Colégio Episcopal e pelo Bispo próprio, aos quais está unido pelos vínculos da fé, da caridade, dos sacramentos e da disciplina eclesiástica; a manifestação litúrgica mais solene dessa comunhão, todavia, é a mesma Eucaristia, quando presidida pelo Bispo, com a participação dos Presbíteros e fiéis, sobretudo na Igreja catedral, onde se evidenciam, de forma incomparável, a unidade do sacerdócio de Cristo, na pluralidade de seus ministros, e a unidade do sacrifício e do Povo de Deus. Na *atividade ministerial*, é ratificada a comunhão hierárquica, antes de tudo, quando o Presbítero manifesta um profundo, humilde e filial vínculo de caridade com a pessoa do Santo Padre e adere docilmente a seu ministério petrino de magistério, santificação e governo; depois, mediante a fidelidade e o serviço à autoridade de seu Bispo, a cujos programas pastorais adere co-responsavelmente, e com quem deve relacionar-se franca, viva e filialmente, com confiança sincera, amizade cordial e um verdadeiro esforço de conformidade e convergência ideal e programática. Na *pertença ao Presbitério*, o Presbítero está unido aos demais pelos vínculos de caridade apostólica, de ministério e de fraternidade, qual membro de uma unidade que pode definir-se uma autêntica família, na qual os laços não vêm da carne nem do sangue, mas da graça do sacramento da Ordem. E porque todo o Presbitério é formado pelos solícitos cooperadores da ordem episcopal, auxiliares e instrumentos do Bispo, decorre, para o eficaz exercício do ofício episcopal, a necessidade de ajuda e de conselho que o Bispo diocesano deve receber de seus Presbíteros. O Conselho Presbiteral, objeto do presente estudo, é uma manifestação institucional – talvez a mais solene – da "comunhão hierárquica" dos Presbíteros com seu Bispo.

Na história da Igreja, a existência de um Conselho formado de Presbíteros unido ao Bispo para o bom governo da Igreja particular não é mérito dos tempos atuais. Por isso, ao tratar do Conselho Presbiteral, o Concílio não tencionou criar uma nova instituição, mas reformar tudo o que já existia, dando uma nova fisionomia, mais adaptada às circunstâncias e necessidades atuais. A atual legislação canônica, na fidelidade ao Vaticano II, reserva exclusivamente ao Conselho Presbiteral o qualificativo de *Senado do Bispo* e único órgão representativo de todo o Presbitério da diocese. À luz dos textos conciliares e da normativa que se lhes seguiu, até o novo Código de Direito Canônico, o intento desta obra é, precisamente, tratar das questões mais relevantes do Senado do Bispo: sua evolução na história, fundamentação teológica, importância pastoral, relevância jurídica, constituição e funcionamento.

Julgamos ser o argumento de grande interesse e atualidade para os Bispos, Presbíteros e Diáconos, bem como religiosos e demais fiéis. Muito longe da pretensão de tratar exaustivamente a vastidão das questões teológicas e jurídicas que o tema suscita, a obra deve ser considerada, na verdade, como uma modesta sistematização; talvez até reclame ser entendida como um pequeno *Vade-mécum* do Conselho Presbiteral, verdadeiramente útil para os que integram a estrutura pastoral diocesana, mormente os Bispos e seus necessários colaboradores.

O Autor

1
Pressupostos fundamentais

1. O Senado na história

O único órgão colegial existente na Igreja católica, qualificado de *Senado* pela atual legislação canônica, é o Conselho Presbiteral. Esse distintivo tem profundas raízes bíblicas, vetero e neotestamentárias, mas sua procedência remonta à antiga história dos povos, sobretudo os gregos e os romanos. Em todas as épocas, porém, a concepção de Senado quase sempre parece estar ligada a uma mesma idéia: a da colaboração afetiva e efetiva dos mais experientes, dos anciãos das tribos, sociedades, nações ou comunidades nas decisões dos seus líderes.

1.1. No âmbito civil

Comum a muitas cidades da Grécia desde a época arcaica (séc. XI-IX a.C.), a Γερουσία, (Gerusía = Conselho de anciãos) era constituída de anciãos que representavam as mais importantes famílias gregas. Sua prerrogativa originária era assistir, aconselhar e controlar o rei. Com a queda da monarquia, a *Gerusía* (ou os órgãos a ela correspondentes) assumiu poderes ainda maiores. Em Atenas, o herdeiro da antiga *Gerusía* foi o areópago, cujas prerrogativas, depois das reformas de Clístenes, foram absorvidas pela Βουλή (Bulé = Conselho), perdendo, todavia, qualquer conotação relativa à idade. Em Esparta, o antigo Conselho régio se transformou em um Colégio de 28 membros, presidido pelos reis, e manteve a característica da ancianidade, bem como o poder de propor e deliberar, inclusive em assuntos judiciários. Há notícias da presença da *Gerusía* em Creta, Corinto, Cnido e Argos.

A origem do Senado como instituição civil, todavia, remonta à Roma Antiga. Eutrópio, historiador romano, atesta que Rômulo, depois de ter fundado Roma (753 a.C.), escolheu cem dentre os cidadãos mais anciãos, a quem designou *Senadores*, por causa da sua idade (os *seniores*). Ele reinou com sua ajuda; ao tratar qualquer assunto, contava sempre com a sabedoria dos anciãos. Depois do período da realeza, o número dos Senadores cresceu, porque os romanos que obtinham a magistratura superior – com as funções de questor, inspetor, tribuno da plebe, pretor, censor e cônsul – tornavam-se Senadores de direito.

Nos tempos antigos, o Senado era formado somente de patrícios. Mas depois que a magistratura, que conferia o acesso ao Senado, abriu-se à plebe, também os plebeus se tornaram Senadores. Pelos cidadãos romanos, os membros do Senado eram chamados de *pais*, pois tanto nas situações favoráveis como nas adversas eram considerados guardas e defensores do Estado.

Foi no período da República (509 a 27 a.C.) que o Senado romano conheceu seu apogeu, tornando-se o órgão supremo de governo. Seus integrantes, eleitos pelo povo, tiveram um lugar de notável importância na condução do Estado. Exercendo sua função em caráter vitalício, os Senadores eram responsáveis pela preservação da religião, supervisionavam as finanças públicas, administravam as províncias, nomeavam os cônsules, os pretores e os magistrados, assessoravam, fiscalizavam e controlavam o Judiciário, dirigiam a política externa, inclusive em sua componente militar. As decisões do Senado eram chamadas *Decretum* ou *Senatus consultum* e eram consideradas orientações para os Magistrados, não uma lei.

Com o passar do tempo e a transformação de Roma em um Império, todo o poder, praticamente, passou às mãos do Imperador. Com isso, foi drasticamente reduzida a importância do Senado. Mas a idéia de um corpo para deliberar e legislar já tinha criado raízes. Seu conceito e sua importância seriam recuperados séculos mais tarde. Após a queda do Império romano (476 d.C.), o Senado continuou a funcionar na medida consentida pela nova situação, sobretudo pela emergência da autoridade da Igreja também no campo civil. Justiniano o restaurou; numerosos são os acenos ao Senado romano no *Código*, nas *Instituições*, no *Digesto* e outras obras, qual fonte de direito e direção na coisa pública.

Nos séculos seguintes, graças às notáveis carências do poder imperial e à ingerência da Igreja no poder temporal, sempre mais forte, a atividade do Senado foi sensivelmente diminuída e alterada nas funções e na estrutura. Em documentos dos séculos IX-XI, aparece uma assembléia de nobres romanos que intervinha na eleição do Papa e realizava ainda certa atividade legislativa e administrativa (sobretudo no setor alimentar), mas tudo diretamente submetido ao Pontífice Romano. Maior autoridade foi concedida ao Senado romano com a *renovatio senatus*, de 1143: a assembléia mudou radicalmente sua formação social, porque para o cargo de senador foram nomeados membros das diversas camadas sociais, e ele adquiriu alguns poderes legislativos, administrativos, judiciários e financeiros. Sua posição política, por isso, com freqüência entrava em contraste não só com os nobres, mas com os Pontífices, adquirindo uma maior autonomia perante estes. Grandes discórdias causaram a decadência do Senado, que foi reduzido a um único senador ou a um exíguo número de membros. Em 1278, o Papa Nicolau III avocou a si a nomeação de um único senador e o Senado praticamente desapareceu.

Depois das revoluções populares na Inglaterra e na França, e o surgimento dos Estados Unidos da América como nação independente, os corpos legislativos foram instituindo-se em várias nações. A idéia da divisão de poderes, elaborada por Charles-Louis de Montesquieu (1698-1755) — segundo a qual o poder deve ser confiado a órgãos distintos e independentes (executivo, legislativo e judiciário), com o fim de tutelar mais eficazmente a liberdade e os direitos dos cidadãos e impedir atos de arbítrio da parte da autoridade — e a idéia de um órgão especializado em legislar e vigiar o poder Executivo adquiriram força. A maioria dos países, então, adotou, como forma de representação popular, um Parlamento ou Congresso integrado por duas Câmaras: uma que tinha a representação dos cidadãos e outra a representação dos Estados ou territórios.

Muitas democracias presidenciais da América, surgidas até o fim do século XVIII e durante o século XIX, incorporaram em suas Constituições o modelo de sistema presidencial dos Estados Unidos, sob a forma republicana de divisão de poderes, onde existe um Executivo e um Legislativo; e onde o Parlamento ou Congresso, usualmente, ainda que não em todos os casos, conta com uma Câmara Baixa (Câmara dos Deputados) e um Senado.

Na atualidade, mais de 170 países têm algum tipo de representação parlamentar ou Congresso; destes, mais de 60 são Bicamerais; portanto, compostos por um Senado e uma Câmara de Deputados ou Representantes, enquanto que mais de 100 são Unicamerais.

1.2. No Judaísmo e no Cristianismo

A Antiga Aliança

Os primórdios do *Senado* na revelação judaico-cristã remontam ao Antigo Testamento. Como na tradição egípcia e entre os povos da Ásia Menor muito anteriores aos episódios veterotestamentários, existe um grupo de anciãos do povo que realiza funções a si confiadas pelo mesmo povo: o *Presbitério*. A palavra *Presbítero*, no Antigo Testamento, não quer dizer tempo biológico nem idade de ensinar, mas prestígio. Antes do período da realeza, iniciado com Saul (1040-1010 a.C.), nas tribos[1] e nas cidades de Israel[2], a avançada idade natural possibilitava ao varão mais poderoso a aquisição da função de Presbítero, uma espécie de conselheiro e juiz de grande autoridade moral[3]. Por ordem de Deus, Moisés escolhia os anciãos[4], cujo ministério, às vezes exercido em favor de todo Israel[5], vinha unido à posse do Espírito[6]. Mesmo com a instituição da realeza, que promoveu a aristocracia urbana em detrimento da tribal, os reis tinham de levar em conta a opinião dos anciãos[7]. Algumas vezes, eram os anciãos conselheiros do rei[8]. No tempo de Esdras (entre 475 e 450 a.C.), exerciam com os chefes a autoridade local[9], principalmente a administração[10]. O prestígio dos anciãos se fazia notar até no tempo de Jesus:

---

[1] Cf. Jz 11,5; Nm 22,4.7; 1Sm 30,26.
[2] Cf. Js 9,11; Jz 8,14; 1Sm 11,3; 16,4; 1Rs 21,8; Dt 19,12; 21,3.10; 22,18; 25,7.
[3] Cf. Êx 18,13-26.
[4] Cf. Nm 11,16.
[5] Cf. Êx 3,16s.; Nm 22,7.
[6] Cf. Nm 11,25s.; Jo 3,1.
[7] Cf. 1Sm 30,26; 2Sm 3,17; 5,3; 2Rs 10,6; 23,1.
[8] Cf. 1Rs 12,6; 20,7-9.
[9] Cf. Esd 7,25; 10,8.14.
[10] Cf. Esd 5,9s.; 6,7s.; Jt 6,11s.; 8,9; 10,6; 1Mc 12,6.35.

os evangelhos sinópticos revelam que havia no Sinédrio[11] lugares reservados para eles[12]. O ministério e o estado do presbiterado do novo Povo de Deus derivarão dessa instituição judaica, mas terão um significado e um alcance inteiramente novos.

A Nova Aliança

O Senhor Jesus, chamando Ele mesmo a si os que quis, constituiu Doze para que ficassem com ele e para que fossem enviados para pregar o Reino de Deus[13]. Instituídos à maneira de colégio, tendo Pedro como cabeça[14], os Doze foram enviados primeiro aos filhos de Israel e depois a todos os povos, para que os fizessem discípulos do Senhor, santificando-os e governando-os[15]. Essa missão de propagar a Igreja, confirmada no dia de Pentecostes[16], não podia ser cumprida apenas pelos Doze. A colaboração de outros no ministério apostólico aparece, então, como uma necessidade constitutiva da Igreja mesma, cujos membros todos, cada um com sua específica função, são protagonistas da missão evangelizadora e fundante do Reino de Deus em todo o mundo.

O ministério apostólico, em virtude disso, era caracterizado por certa diferenciação. Ao lado de funções exercitadas por indivíduos (Pedro, Paulo, Tiago, Filipe…), havia, além do grupo dos

---

[11] *Sinédrion* (= Conselho) era o colégio dos mais altos magistrados do povo judeu. Também era chamado *Sanhedrín* (= Senado) (cf. 1Mc 12,6; 2Mc 1,10; 4,14; 11,27; Jt 4,8; 11,14; 15,8; At 5,21) e de *Presbitérion* (= Conselho de anciãos) (cf. Lc 22,66; At 22,5).
[12] Cf. Mt 27,41; Mc 11,27; 14,43.53; 15,1; Lc 22,66.
[13] Cf. Mt 10,1-5; 11,1; 20,17; 26,14.20.47; Mc 3,14-19; 4,10; 6,7; 9,35; 10,32; 11,11; 14,10.17.20.43; Lc 6,13-16; 8,1; 9,1.12; 18,31; 22,3.14.47; 6,67.70s; 20,24; At 1,13; 6,2; 1Cor 15,5; Ap 21,14.
[14] Cf. Jo 21,15-17.
[15] Cf. Mt 28,16-20; Mc 16,15; Lc 24,45-48; Jo 20,21-23.
[16] Cf. At 2,1-26.

Doze[17], o serviço de diversos grupos: os Apóstolos[18], os Discípulos[19], os Diáconos[20], os Profetas[21], os Doutores[22], os Evangelistas[23], os Pastores e os Mestres[24] etc. Existia também o grupo dos Presbíteros (anciãos), instituído pelos Apóstolos para tomar parte em suas tarefas ministeriais e participar de seu poder. Os Presbíteros são investidos pela imposição das mãos dos Apóstolos[25] ou dos delegados deles[26]. Dotados de poder carismático de origem divina[27], formavam nas primeiras comunidades cristãs de Jerusalém[28] e da Diáspora[29] um corpo presbiteral, os *notáveis* da comunidade. Por serem encarregados de dirigir a comunidade ou de dar-lhe assistência, os Presbíteros eram chamados de *Epíscopos* (= supervisores, superintendentes, vigilantes, Bispos)[30].

---

[17] Cf. Mt 10,1-2.5; 11,1; 19,28; 20,17; 26,14.20.47; Mc 3,14; 4,10; 6,7; 9,35; 10,32; 11,11; 14,10.17.20.43; Lc 6,13; 8,1; 9,1.12; 18,31; 22,3.14.30.47; Jo 6,67.70-71; Jo 20,24; At 6,2; 1Cor 15,5; Ap 12,1; 21,12.14.16.21.

[18] Em Mt 10,2-4; Mc 3,16-19; Lc 6,14-16 e At 1,13, os Apóstolos se identificam com os Doze. Mas nas cartas de S. Paulo a palavra «apóstolo» tem um sentido amplo: indica uma função, mais que um título oficial (cf. 1Cor 12,28; Fl 2,25). Alguns exemplos: Tiago, o parente do Senhor (cf. Gl 1,19; 1Cor 15,7), os demais parentes de Jesus (cf. 1Cor 9,5), Barnabé (cf. 1Cor 9,6), Apolo (cf. 1Cor 4,6.9), Silas e Timóteo (cf. 1Ts 2,7), Andronico e Júnias (cf. Rm 16,7). Além disto, o próprio S. Paulo considera-se a si mesmo como apóstolo e testemunha, apesar de não ter sido testemunha da ressurreição (cf. 1Cor 15,8ss.; Gl 1,15ss.; At 9,1ss.; 22,17; 26,16). Segundo Hb 3,1, o próprio Cristo é denominado apóstolo, ou seja, o encarregado, o legado, o plenipotenciário de Deus.

[19] São os seguidores de Jesus Cristo, em primeiro lugar os Apóstolos, mas também um número maior de pessoas que a Ele aderiam (cf. Mc 2,15; Lc 7,11; Jo 2,2.17.22). De acordo com Lc 10,1-17, o seu número era setenta e dois.

[20] Eram servidores à mesa e evangelizadores (cf. At 6,3; 21,8; Fl 1,1; 1Tm 3,8.12-13).

[21] Cf. At 11,27s.; 13,1; 15,32; 21,9-11; 1Cor 14,3. A função profética, no Novo Testamento, era anunciar e interpretar a revelação divina, como também revelar coisas escondidas e predizer o futuro.

[22] Cf. At 13,1; 1Cor 12,28-29; Ef 4,11. Também chamados de didáscalos, os doutores dispensavam aos fiéis o ensino moral e doutrinal, fundado na Escritura.

[23] Cf. Ef 4,11. Os evangelistas eram pessoas que dispunham de um carisma especial, utilizado pela Igreja para a pregação do Evangelho.

[24] Cf. Ef 4,11.

[25] Cf. At 14,23; 1Tm 4,14; 5,22; 2Tm 1,6.

[26] Cf. Tt 1,5.

[27] Cf. At 20,28; 1Cor 12,28.

[28] Cf. At 11,30; 15,2s.; 21,18.

[29] Cf. At 14,23; 20,17; Tt 1,5; 1Pd 5,1.

[30] Cf. Fl 1,1.

Essa expressão, que também aparece relacionada com os Diáconos[31], designa um ofício de vigilância (a direção da comunidade). Já o termo *Presbítero* se refere a um estado, a uma dignidade. Por isso, inicialmente, *Epíscopo* não era sinônimo de Bispo como entendemos hoje, isto é, sucessor dos Apóstolos. É, ao invés, o mesmo homem denominado de Presbítero. Os dois termos (Epíscopo e Presbítero) não designavam nem pessoas nem ministérios diferentes; acentuavam apenas diversos aspectos do mesmo serviço.

Nas cartas pastorais, os Presbíteros aparecem sempre no plural[32], enquanto que o Epíscopo é sempre nomeado no singular[33].

O primeiro Presbitério de Jerusalém é o destinatário de uma oferta de dinheiro recolhida pela Igreja em Antioquia, e destinada aos necessitados da Judéia[34]. O mesmo Presbitério participa, junto aos Apóstolos, da solução da controvérsia que envolvia a observância da lei de Moisés e a circuncisão dos que recebem o batismo[35]. Com o Apóstolo Tiago, o Presbitério intervém na disputa entre Paulo e os judaizantes[36]. Durante a primeira e a terceira viagem apostólica de Paulo, Presbíteros são ordenados nas comunidades visitadas, mediante a imposição das mãos de Paulo e Barnabé[37]. Conforme 1Pd 5,2, os Presbíteros devem ser guias e pastores da comunidade, anunciadores da boa doutrina, admoestadores, vigilantes, homens de reta conduta, modelos do rebanho. A grande importância do Presbitério na transmissão da

---

[31] Cf. 1Tm 3,1-13; Fl 1,1.
[32] Cf. Tt 1,5; 1Tm 4,14; 5,17.
[33] Cf. Tt 1,7; 1Tm 3,2. Os vinte e quatro anciãos do Apocalipse (cf. Ap 4,4.10; 5,8.14; 11,16; 19,4) e os Presbíteros de 2Jo 1 e 3Jo 1 não são designações de ministérios.
[34] Cf. At 11,30.
[35] Cf. At 15,22-29; 16,4.
[36] Cf. At 21,18.
[37] Cf. At 14,23; 20,17.

missão apostólica, nos primórdios da Igreja, pode ser medida pela famosa admoestação de Paulo ao Bispo Timóteo:

"Não descuides do dom da graça que há em ti, que te foi conferido mediante profecia, junto com a imposição das mãos do Presbitério"[38].

Outro belo testemunho é do Papa S. Clemente, quando interveio na controvérsia da comunidade de Corinto, onde os Presbíteros foram privados de seu ministério:

"Depois da morte dos Apóstolos, outros homens ricos de experiência assumiram seu ofício. Portanto, aqueles que foram constituídos pelos Apóstolos, ou mais tarde por homens veneráveis com o assenso de toda a Igreja, e que irrepreensivelmente serviram à Igreja de Cristo com humildade, tranqüilidade e não sem capacidade, por muito tempo louvados enormemente por todos, parece-nos que não podem ser depostos de seu ofício"[39].

As comunidades caracterizadas pela estrutura episcopaldiaconal começaram a aparecer aos poucos. Delas encontramse traços na Escritura[40] e na Didaché[41]. Os Epíscopos e os

---

[38] 1Tm 4,14. A hodierna exegese bíblica ainda não conseguiu responder a algumas questões que esta passagem suscita: o Presbitério de que fala S. Paulo era constituído apenas de Presbíteros? Em caso afirmativo, somente Presbíteros impuseram as mãos em Timóteo ou o fizeram juntamente com um Apóstolo? No debate teológico a respeito do sacramento da Ordem, sobretudo nas questões que tratam de precisar aquilo que é específico e exclusivo do poder de Ordem episcopal e qual o âmbito do poder de Ordem presbiteral, esta e outras perícopes das cartas pastorais são constantemente citadas.
[39] Primeira Epístola aos Coríntios 44,2-3.
[40] Fl 1,1: "Paulo e Timóteo, servos de Cristo, a todos os santos em Cristo Jesus que estão em Filipos, com seus Epíscopos e Diáconos".
[41] "Escolhei Epíscopos e Diáconos dignos do Senhor, homens moderados, desinteressados, verdadeiros e seguros; com efeito, também eles realizam para vós o mesmo ministério dos profetas e doutores" (Didaché 15,1).

Diáconos exercitavam a função de evangelização e de liturgia, enquanto que os Epíscopos guiavam também a comunidade. Uma das dificuldades para compreender as funções dos Bispos e dos Presbíteros na Igreja primitiva é a falta de uma terminologia uniforme nos textos daquela época. Geralmente, o termo ἐπίσκοπος era usado no contexto helenístico, enquanto que no âmbito judaico usava-se o termo πρεσβύτερος.

O período pós-apostólico

Apesar das dificuldades hermenêuticas, já no início do século II as cartas de Santo Inácio de Antióquia informam com clareza a existência do Presbitério e oferecem dados de grande relevância para distinguir o papel do Bispo e o dos Presbíteros. Segundo Santo Inácio, o Bispo, preposto no lugar de Deus, está unido estreitamente ao Presbitério e aos Diáconos; os Presbíteros, por sua vez, estão sempre ligados ao Bispo:

"Convém proceder de acordo com a mente do Bispo, como já o fazeis; vosso Presbitério bem reputado e digno de Deus é muito unido ao Bispo como as cordas à cítara"[42].

Nas cartas de Santo Inácio, o Bispo é a *imagem do Pai*[43] e *está no lugar de Deus*[44], enquanto que os Presbíteros são *o Senado divino e o conselho apostólico*[45]. A expressão mais solene da

---

[42] Carta aos Efésios 4,1.
[43] Carta aos Tralianos 3,1.
[44] Carta aos Magnésios 6,1.
[45] Carta aos Tralianos 3,1; Carta aos Magnésios 6,1.

unidade dos Presbíteros e Diáconos com o Bispo, segundo ele, é a celebração eucarística[46]. Só em unidade com o Bispo pode existir a autêntica comunidade cristã[47]. Por isso, Santo Inácio convida, repetidas vezes, a "não fazer nada do que se refere à Igreja sem o Bispo"[48] e sem o Presbitério:

"É necessário glorificar de todas as formas Jesus Cristo que vos glorificou, para que reunidos em uma mesma obediência e submetidos ao Bispo e aos Presbíteros sejais santificados em todas as coisas"[49];

"Se Jesus Cristo, pela vossa oração, me tornar digno de graça, e é a Sua vontade, explicar-vos-ei em uma segunda carta, que pretendo redigir, a acenada economia para o homem novo Jesus Cristo, que consiste na sua fé, na sua caridade, na sua paixão e ressurreição. Sobretudo se o Senhor me revelar que cada um e todos juntos na graça que vem do seu nome vos reunirdes em uma só fé e em Jesus Cristo da estirpe de Davi, filho do homem e de Deus, para obedecer ao Bispo e aos Presbíteros em uma concórdia estável, partindo o único pão que é remédio de imortalidade, antídoto para não morrer, mas para viver sempre em Jesus Cristo"[50];

"Tive a honra de ver-vos em Dama, vosso Bispo digno de Deus, nos dignos Presbíteros Baixo e Apolônio e no Diácono Zootião, meu conservo, de cuja presença espero sempre usufruir.

---

[46] "Preocupai-vos em participar de uma única Eucaristia. Uma é a carne de nosso Senhor Jesus Cristo e um o cálice da unidade do seu sangue, um é o altar como um só é o Bispo com o Presbitério e os Diáconos meus conservos. Se fizerdes isto, fá-lo-eis segundo Deus" (Carta aos Filipenses 4,1).
[47] "Ali onde está o Bispo deve encontrar-se a comunidade cristã, da mesma forma que onde está Jesus Cristo encontra-se a Igreja católica" (Carta aos Esmirnenses 8,2).
[48] Carta aos Magnésios 7,1; cf. Carta aos Filipenses 7,2; Carta aos Esmirnenses 8,1.
[49] Carta aos Efésios 2,2.
[50] Id., 20,2.

Ele é submetido ao Bispo como à graça de Deus e ao Presbitério como à lei de Jesus Cristo"[51];

"Procurai estar bem constantes nos preceitos do Senhor e dos Apóstolos, para que consigais o bem em tudo o que fizerdes na carne e no espírito, na fé e na caridade, no Pai, no Filho e no Espírito, do princípio ao fim, com vosso Bispo que é tão digno e com a preciosa coroa espiritual de vossos Presbíteros e dos Diáconos segundo Deus"[52];

"É necessário, como já o fazeis, jamais agir sem o Bispo, mas submeter-vos também aos Presbíteros como aos Apóstolos de Jesus Cristo, esperança nossa"[53];

"Todo aquele que age separadamente do Bispo, do Presbitério e dos Diáconos não é puro de consciência"[54];

"Sede fortes em Jesus Cristo, submetidos ao Bispo, como ao mandamento, e aos Presbíteros"[55];

"Vossa oração em Deus me levará à perfeição para obter misericordiosamente a herança, refugiando-me no evangelho como na carne de Jesus, e nos Apóstolos, como no Presbitério da Igreja"[56];

"Quando estava em vosso meio, bradei em alta voz, com a voz de Deus: sede unidos ao Bispo, aos Presbíteros e aos Diáconos"[57];

"Como Jesus Cristo segue o Pai, segui todos o Bispo e os Presbíteros como os Apóstolos; venerai os Diáconos como a lei de Deus"[58].

---

[51] Carta aos Magnésios 2,1.
[52] Id., 13,1.
[53] Carta aos Tralianos 2,2.
[54] Id., 7,2.
[55] Ibid., 13,2.
[56] Ibid., 5,1.
[57] Ibid., 7,1.
[58] Carta aos Esmirnenses 8,1.

Para Santo Inácio, a tarefa do Presbitério, entendido como um corpo sacerdotal indissociável do Bispo, é a ação pastoral, que compreende não apenas a execução das normas do Bispo no campo da instrução dos fiéis e do culto divino, mas a participação nas tomadas de decisões do Bispo. Para descrever o papel do Presbitério na ação pastoral do Bispo, Santo Inácio chama aquele de Συνέδριον (= Sinédrio), recordando instituições como o Sinédrio de Jerusalém, o Areópago de Atenas ou o Senado de Roma.

Outros testemunhos da Igreja primitiva confirmam não só a existência do Presbitério, mas a ajuda eficaz que este oferecia ao Bispo na busca de soluções em favor do bem comum de sua Igreja: São Policarpo de Esmirna[59], São Clemente de Roma[60], São Jerônimo[61], Santo Isidoro de Sevilha[62], o Pseudo-Hipólito[63], e outros autores[64].

A *Tradição Apostólica*, do Pseudo-Hipólito (séc. II-III), registra um fato de grandíssima importância para a reflexão teológica dos séculos posteriores: na consagração dos Bispos, os Presbíteros não participavam impondo as mãos no eleito; mas

---

[59] "Importa que [os jovens] estejam afastados de todos esses males e sujeitos aos Presbíteros e aos Diáconos como a Deus e a Cristo" (Carta aos Filipenses 5,3).

[60] "Vós que sois a causa da sedição, submetei-vos aos Presbíteros e corrigi-vos com o arrependimento, dobrando os joelhos do vosso coração" (Carta aos Coríntios 57,1).

[61] "Também nós temos na Igreja o nosso Senado, a assembléia dos Presbíteros" (In Isaiam 2,3).

[62] "Pois eles [os Presbíteros] presidem a Igreja de Cristo e na confecção do Corpo e Sangue do Senhor são consortes com os Bispos, de forma semelhante também na doutrinação dos povos e no ofício da pregação" (*De Ecclesiasticis Officiis* 2,8).

[63] "Quando um Presbítero é ordenado, o Bispo imponha a mão sobre sua cabeça, enquanto os Presbíteros o tocam, e se exprima no modo que já falamos, como indicamos a propósito do Bispo, rezando e dizendo: 'Deus, Pai de Nosso Senhor Jesus Cristo, dirige o teu olhar sobre este teu servo e concede-lhe um espírito de graça e de sabedoria sacerdotal, a fim de que ajude e governe o teu povo com coração puro, como dirigiste tua face sobre o povo que escolheste e ordenaste a Moisés que escolhesse anciãos que cumulaste com teu Espírito'" (Tradição Apostólica 7,26-27).

[64] Cf. Orígenes, *Contra Celsum* 3,30; *Constitutio Ecclesiastica Apostolorum* 8; *Didascalia* II, 28, 4; *Constitutiones Apostolorum* II, 28,4; 34,3; etc.

faziam isso quando da ordenação presbiteral, pelo espírito comum e pela semelhança da missão. Esse gesto integrante da ordenação presbiteral nunca era feito singularmente, mas como expressão solene do Senado que circundava o Bispo, sem o qual não havia ordenação presbiteral válida. Outro dado não menos relevante é a forma ordinária da celebração eucarística comum nas liturgias a partir do século II: todos os Presbíteros presentes em torno do altar realizavam a consagração das espécies do pão e do vinho com o Bispo e sob sua guia. Era uma das expressões mais eloqüentes da comunhão do Presbitério.

Depois das perseguições movidas contra os cristãos, os Presbíteros foram obrigados a celebrar a Eucaristia individualmente, com a assistência de um Diácono, nas diversas comunidades próximas ou distantes do Bispo. Mais tarde, sobretudo depois do Edito de Milão, a dispersão dos Presbíteros nos campos levou a concelebração eucarística do Bispo e de seu Senado a se tornar menos freqüente, ainda que conservada em algumas ocasiões solenes, como na Quinta-feira Santa, até nossos tempos. Com a escassez da concelebração eucarística, foi introduzida no século IV pela Igreja que está em Roma, durante o pontificado do Papa Inocêncio I, uma nova forma de afirmação da unidade do Presbitério: o envio do *fermentum*. Os sacerdotes que desempenhavam seu trabalho pastoral em lugares longínquos recebiam das mãos do Papa um fragmento do pão consagrado (o *fermentum*) para uni-lo à Eucaristia celebrada por eles em suas comunidades de fé. Em suas dioceses, os Bispos realizavam o mesmo ato em favor de seus Presbíteros. Tal prática vigorou na Igreja inteira até o fim do século IX.

A partir do século IV, o papel do Presbitério na vida da Igreja particular começou a sofrer um retrocesso lento e gradual, até um ocultamento quase total de sua existência. Os principais motivos desse declínio foram: a dispersão dos Presbíteros nos campos, em virtude do enorme crescimento numérico do cristianismo e a conseqüente necessidade do exercício do ministério presbiteral distante da sede episcopal; a importância cada vez maior da vida monástica; o crescimento do poder do Bispo e sua concepção administrativa, marcadamente influenciada pelo direito romano; a consolidação de certas correntes teológicas que concebiam o sacerdócio voltado quase que exclusivamente para a celebração da Eucaristia e o decorrente individualismo entre os Presbíteros.

O gradual ocultamento do sentido de comunhão e co-responsabilidade dos Presbíteros levou as Igrejas particulares à criação de diferentes ofícios para ajudar e aconselhar o Bispo na sede episcopal, como as figuras do Arquidiácono e do Arcipreste. Para colaborar com o Bispo de forma institucional, surgiram quase simultaneamente, no fim do século IX, dois órgãos diocesanos que vigoram até hoje, apesar de um deles não ser mais obrigatório: o Cabido da Catedral, formado de Presbíteros que residiam na mesma cidade do Bispo, e a Cúria diocesana, constituída dos principais membros do Cabido. A principal tarefa do Cabido, entre outras, era aconselhar o Bispo e às vezes dar-lhe o consentimento para a realização válida de determinados atos de regime, sobretudo no âmbito patrimonial da diocese. Os Cabidos tiveram notável importância nos séculos XI e XII.

Mais adiante, outro fator viria a contribuir para um maior obscurecimento do Presbitério. A reforma protestante do século XVI preconizava apenas o sacerdócio real, conferido pelo sacramento do Batismo, e negava o sacerdócio ministerial ou ordenado, sempre defendido pela Igreja católica. Martinho Lutero defendia somente a igualdade fundamental entre todos os fiéis, em detrimento da desigualdade de funções e da diversidade de grau e essência existente entre os sacramentos do Batismo e da

Ordem, como sempre ensinou o supremo magistério católico. Reagindo a essa tese, o Concílio de Trento sublinhou unilateralmente a superioridade do poder do Bispo em relação ao poder dos Presbíteros.

Finalmente, esse ofuscamento do Presbitério continuou a ser propugnado pela doutrina e espiritualidade sacerdotal do século XIX e início do XX, que puseram um acento demasiado na configuração pessoal com Cristo, descuidando do aspecto comunitário e eclesial do ministério presbiteral. Isso introduziu na Igreja um individualismo subjetivista, que levou a uma mentalidade que dava importância quase que exclusiva aos aspectos pessoais e psicológicos da vocação sacerdotal.

O Concílio Vaticano II

Nos dezesseis documentos do Vaticano II, não existe nenhum capítulo dedicado ao Presbitério. Mas porque neles se encontram numerosas afirmações a esse respeito, pode-se falar de uma verdadeira e própria doutrina conciliar sobre o assunto. As principais afirmações sobre o Presbitério encontram-se na *Lumen Gentium*, *Sacrosanctum Concilium*, *Ad Gentes*, *Christus Dominus* e *Presbyterorum Ordinis*.

Lumen Gentium

Para o documento central do Concílio, os Presbíteros têm estreita relação com Cristo, através dos Apóstolos e de seus sucessores, os Bispos:

"Cristo, a quem o Pai santificou e enviou ao mundo (cf. Jo 10,36), fez os Bispos participantes de Sua consagração e missão, através dos Apóstolos, de quem são sucessores. Os Bispos passaram legitimamente o múnus de seu ministério em grau diverso, a pessoas diversas na Igreja. Assim, o ministério eclesiástico, divinamente instituído, é exercido em diversas ordens pelos que desde a antigüidade são chamados Bispos, Presbíteros e Diáconos.

Embora os Presbíteros não possuam o ápice do sacerdócio e no exercício de seu poder dependam dos Bispos, estão contudo com eles unidos na dignidade sacerdotal. Em virtude do sacramento da Ordem, segundo a imagem de Cristo, sumo e eterno Sacerdote (cf. Hb 5,1-10; 7,24; 9,11-28), eles são consagrados para pregar o Evangelho, apascentar os fiéis e celebrar o culto divino, de maneira que são verdadeiros sacerdotes do Novo Testamento"[65].

Essas três funções dos Presbíteros (anúncio, pastoreio e santificação) são assim descritas:

"Participando no grau próprio de seu ministério, da função de Cristo Mediador único (cf. 1Tm 2,5), a todos anunciam a palavra de Deus. Eles exercem seu sagrado múnus principalmente no culto eucarístico ou sinaxe, na qual, agindo na pessoa de Cristo e proclamando Seu mistério, eles unem os votos dos fiéis ao sacrifício de sua Cabeça e, até a volta do Senhor (cf. 1Cor 11,26), reapresentam e aplicam no sacrifício da Missa o único sacrifício do Novo Testamento, isto é, o sacrifício de Cristo que como hóstia imaculada uma vez se ofereceu ao Pai (cf. Hb 9,14-18). E, em favor dos fiéis penitentes ou doentes, exercem no mais alto grau o ministério da reconciliação e do alívio. E apresentam a Deus Pai as necessidades e preces dos fiéis (cf. Hb 5,1-4). Exercendo dentro do âmbito que lhes compete o múnus de Cristo Pastor e Cabeça, eles congregam a família de Deus numa

---

[65] LG 28a.

fraternidade a tender para a unidade e a conduzem a Deus Pai, por Cristo, no Espírito Santo. No meio da grei adoram-n'O em espírito e verdade (cf. Jo 4,24). Afinal, esforçam-se na pregação e no ensino (cf. 1Tm 5,17), acreditando no que lerem quando meditam na lei do Senhor, ensinando o que crêem e praticando o que ensinam"[66].

O segundo parágrafo do n. 28 contém, talvez, a principal afirmação conciliar sobre o Presbitério, quase como que uma sua definição:

"Os Presbíteros, solícitos cooperadores da ordem episcopal, seu auxílio e instrumento, chamados para servir o povo de Deus, formam com seu Bispo um único Presbitério, empenhados, porém, em diversos ofícios"[67].

As relações com o Bispo e com a Igreja universal são ilustradas logo em seguida, quando se trata do papel dos Presbíteros como membros do Presbitério:

"Em cada comunidade local de fiéis tornam presente de certo modo o Bispo, ao qual se associam com espírito fiel e magnânimo. Tomam como suas as funções e a solicitude do Bispo e exercem a cura pastoral diária. Sob a autoridade do Bispo santificam e regem a porção da grei do Senhor que lhes é confiada. No lugar onde estão tornam visível a Igreja universal e eficazmente cooperam na edificação de todo o corpo de Cristo (cf. Ef 4,12). Sempre aplicados ao bem dos filhos de Deus, esforcem-se para

---

[66] Id.
[67] LG 28b.

dedicar seu empenho à ação pastoral de toda a diocese e mesmo da Igreja universal. Por esta participação no sacerdócio e na missão, os Presbíteros reconheçam o Bispo verdadeiramente como seu pai e reverentemente lhe obedeçam"[68].

O Bispo, por sua vez, deve considerar os sacerdotes "seus cooperadores, como filhos e amigos, a exemplo de Cristo que chamou seus discípulos não servos, mas amigos"[69]. E por estarem todos os sacerdotes, diocesanos e religiosos, em razão da Ordem e do ministério, unidos com o Corpo dos Bispos, segundo sua vocação e graça devem servir ao bem de toda a Igreja. O serviço, que caracteriza a ordem presbiteral, é consolidado pela unidade que deve existir entre todos os Presbíteros:

"Em virtude da comum ordenação sacra e missão, todos os Presbíteros estão unidos entre si por íntima fraternidade, que espontânea e livremente se manifesta no mútuo auxílio, tanto espiritual como material, tanto pastoral como pessoal, em reuniões e comunhão de vida, trabalho e caridade"[70].

Mas por se tratar o serviço presbiteral de uma tarefa eminentemente dirigida ao povo de Deus, exige-se uma particular relação dos Presbíteros com todos os fiéis:

"Como pais em Cristo, cuidem dos fiéis, que eles espiritualmente geraram pelo Batismo e pela pregação (cf. 1Cor 4,15; 1Pd 5,23). De coração feitos modelos para o rebanho (cf. 1Pd 5,3),

---
[68] Id.
[69] Ibid.
[70] LG 28c.

presidam e sirvam de tal modo sua comunidade local, que essa dignamente possa ser chamada com aquele nome pelo qual só e todo o povo de Deus é distinguido, a saber: Igreja de Deus"[71].

Ao tratar dos Diáconos, o documento acena ao Presbitério uma única vez:

"Os Diáconos estão no grau inferior da hierarquia. São-lhes impostas as mãos "não para o sacerdócio, mas para o ministério". Porquanto, fortalecidos com a graça sacramental, servem ao povo de Deus na diaconia da liturgia, da palavra e da caridade, em comunhão com o Bispo e seu Presbitério"[72].

Sacrosanctum Concilium

A Constituição sobre a sagrada liturgia fala do Presbitério apenas uma única vez, quando aborda o incremento da vida litúrgica na diocese. Depois de tratar do Bispo, qual sumo sacerdote de sua grei, do qual, de algum modo, deriva e depende a vida de seus fiéis em Cristo, afirma:

"Por isso faz-se mister que todos, particularmente na catedral, dêem máxima importância à vida litúrgica da diocese em redor do Bispo: persuadidos de que a principal manifestação da Igreja se realiza na plena e ativa participação de todo o povo santo de Deus nas mesmas celebrações litúrgicas, sobretudo na mesma Eucaristia, numa única oração, junto a um só altar, presidido pelo Bispo, cercado de seu Presbitério e ministros"[73].

---

[71] LG 28d.
[72] LG 29a.
[73] SC 41b.

Ad Gentes

O decreto que trata da atividade missionária da Igreja dedica o capítulo III às Igrejas particulares e é nesse contexto que alude ao Presbitério como instituição necessária para as jovens Igrejas, dotadas de um contingente próprio, ainda que insuficiente, de sacerdotes locais, de religiosos e de leigos, e que possuem os meios e instituições necessárias para viver e expandir a vida do povo de Deus, sob a guia do próprio Bispo. As recém-formadas Igrejas, com uma intensa atividade apostólica, devem chegar à maturidade, pois possuem uma dimensão ministerial de caráter universal, da qual participam o Bispo e seu Presbitério:

"Cada Bispo com seu Presbitério, sempre mais compenetrados do sentir de Cristo e da Igreja, pensem e vivam em sintonia com a Igreja universal. Permaneça íntima a comunhão das novas Igrejas com a Igreja toda. Unam os elementos tradicionais dessa última aos de sua cultura própria, para aumentar a vida do Corpo Místico, num como intercâmbio de forças. Por isso hão de cultivar os elementos teológicos, psicológicos e humanos capazes de favorecer esse sentimento de comunhão com a Igreja universal"[74].

O Presbitério dessas Igrejas é heterogêneo, formado não apenas de sacerdotes nativos, mas também daqueles estrangeiros. É o que afirma o n. 20c:

"Nestas Igrejas novas os sacerdotes locais empreendam corajosamente o trabalho de evangelização, cooperando com os mis-

---

[74] AG 19c.

sionários estrangeiros. Formem com os mesmos um só Presbitério, reunido sob a autoridade do Bispo, não só para o pastoreio dos fiéis e para a celebração do culto divino, mas também para a pregação do Evangelho aos de fora. Estejam disponíveis e, dada a ocasião, alegres se ofereçam ao seu Bispo para encetar o trabalho missionário em regiões distantes e abandonadas da própria diocese ou em outras dioceses".

Christus Dominus
O decreto dedicado ao ministério pastoral dos Bispos, ao conceituar a diocese, situa o Presbitério como um de seus elementos constitutivos:

"Diocese é a porção do povo de Deus confiada a um Bispo para que a pastoreie em cooperação com o Presbitério, de tal modo que, unida a seu Pastor e por ele congregada no Espírito Santo mediante o Evangelho e a Eucaristia, constitua uma Igreja particular, na qual verdadeiramente está e opera a Una Santa Católica e Apostólica Igreja de Cristo"[75].

Na parte que discorre sobre o múnus episcopal de santificar, o exercício do poder dos Presbíteros aparece como dependente dos Bispos e o Presbitério é apresentado, com estes, como o critério de comunhão para o desempenho dos ministérios presbiteral e diaconal:

"Os Bispos gozam da plenitude do sacramento da Ordem. Deles dependem, no exercício de seu poder, tanto os Presbíteros,

---
[75] CD 11a.

que, por sua vez, para serem próvidos cooperadores da Ordem Episcopal, também eles foram consagrados verdadeiros sacerdotes do Novo Testamento, como os Diáconos, que, ordenados para o ministério, servem ao povo de Deus em comunhão com o Bispo e seu Presbitério"[76].

A terceira parte do decreto dedica um item à organização da cúria diocesana e aos cooperadores mais próximos do Bispo no regime da diocese. Sem aludir diretamente ao Presbitério, o documento manifesta o desejo de reforma daqueles institutos formados de Presbíteros, com o fim de adequá-los às novas situações:

"Entre os cooperadores do Bispo no governo da diocese contam-se ainda aqueles Presbíteros que constituem seu Senado ou conselho. Tais são o cabido catedral, o grupo de consultores ou outros conselhos, segundo as circunstâncias ou a índole dos diversos lugares. Esses institutos, de modo especial os cabidos catedrais, sejam reformados, na medida em que for necessário, para adaptá-los às necessidades hodiernas"[77].

De particular relevo é o desejo dos padres conciliares de que seja constituído o Conselho de pastoral, do qual se afirma:

"É muito desejável que em cada diocese se institua um peculiar Conselho de pastoral, presidido pelo próprio Bispo diocesano e nele tomem parte clérigos, religiosos e leigos, especialmente escolhidos. É tarefa desse Conselho pesquisar os assun-

---
[76] Id.
[77] CD 27b.

tos que se relacionam com as obras pastorais, examiná-los diligentemente e tirar deles as conclusões práticas"[78].

Todos os sacerdotes, ensina o item seguinte, tanto os diocesanos como os religiosos, participam do único sacerdócio de Cristo e o exercitam em união com o Bispo; por isso são prudentes cooperadores da Ordem episcopal. Mas é reservado aos Presbíteros diocesanos o primeiro posto no cuidado das almas:

"Mas na cura de almas são os sacerdotes diocesanos os primeiros, posto que, incardinados e destinados a uma Igreja particular, se devotam plenamente a seu serviço no pastoreio desta porção da grei do Senhor. Por isso constituem um só Presbitério e uma só família, cujo pai é o Bispo"[79].

Essa paternidade episcopal deve ser traduzida em laços de efetiva caridade, onde o Bispo não prescindirá do diálogo fraterno com seus colaboradores, tratando inclusive dos assuntos ligados ao pastoreio de sua grei:

"As relações entre o Bispo e os sacerdotes diocesanos devem sobretudo apoiar-se nos vínculos de caridade sobrenatural. Isso de tal maneira que a concordância de sua vontade com a vontade do Bispo torne mais fecunda sua ação pastoral. Por isso, para que mais e mais se promova o serviço das almas, o Bispo queira chamar os sacerdotes a um diálogo, mesmo comum, principalmente sobre assuntos pastorais, não só ocasionalmente, mas também, na medida do possível, em tempos marcados"[80].

---
[78] CD 27e.
[79] CD 28a.
[80] CD 28b.

O último parágrafo do n. 28 postula a co-responsabilidade dos Presbíteros pelo bem da diocese e por cada membro do Presbitério, tanto material quanto espiritualmente:

"Além disto, todos os sacerdotes diocesanos estejam unidos entre si e, portanto, sejam impelidos pela solicitude do bem espiritual de toda a diocese. Ademais, lembrem-se de que os bens, que para si adquirem por ocasião do ofício eclesiástico, estão vinculados à função sagrada. Venham, pois, generosamente, conforme puderem, em auxílio também das necessidades materiais da diocese segundo as disposições do Bispo"[81].

Finalmente, o n. 34, que trata dos sacerdotes religiosos quais cooperadores do Bispo no apostolado, afirma que também eles pertencem ao clero da diocese:

"Os religiosos sacerdotes são consagrados ao ofício do presbiterado para serem também eles cooperadores prudentes da Ordem episcopal. Hoje está em suas mãos prestar ainda maior auxílio aos Bispos, devido à crescente necessidade das almas. Portanto, sob certo aspecto verdadeiro pode-se dizer que pertencem ao clero diocesano, na medida em que, sob a autoridade dos Bispos, têm parte na cura das almas e no exercício das obras de apostolado"[82].

Presbyterorum Ordinis
O decreto sobre o ministério e a vida dos Presbíteros é, sem dúvida, o documento conciliar onde a doutrina sobre o Presbitério atinge

---

[81] CD 28c.
[82] CD 34a.

sua maior maturidade. Na segunda parte do decreto, dedicada às relações dos Presbíteros com os Bispos, à fraternidade entre os Presbíteros e a seus vínculos com os leigos, o que tinha sido apenas acenado nos demais documentos do Concílio é exposto com maior clareza.

Antes de tudo, o elo que une os Presbíteros à Ordem episcopal é de natureza sacramental. Reclama-se, portanto, a comunhão hierárquica, manifestada, em sua forma mais sublime, na celebração da Eucaristia e clara e inequivocamente explicitada no rito da ordenação presbiteral, cujo texto evidencia a comum participação da Ordem presbiteral no mesmo sacerdócio e ministério do Bispo, que tem nas pessoas dos Presbíteros seus amigos, irmãos, auxiliares e conselheiros:

"Os Presbíteros todos, junto com os Bispos, participam de tal sorte de um e mesmo sacerdócio e ministério de Cristo, que essa unidade de consagração e missão chega a postular a comunhão hierárquica deles com a Ordem dos Bispos, comunhão essa que se patenteia da melhor maneira nos casos de concelebração eucarística [...]. Por causa do dom do Espírito Santo, que foi dado aos Presbíteros na sagrada Ordenação, são eles os auxiliares e conselheiros necessários dos Bispos no ministério e no múnus de ensinar, santificar e apascentar o povo de Deus. É o que proclamam com insistência, desde os tempos remotos da Igreja, os documentos litúrgicos, enquanto imploram solenemente de Deus, por sobre o Presbítero que se ordena, a infusão "do espírito da graça e do conselho, para que ajude e governe o povo num coração puro" [...]. Por causa dessa comunhão no mesmo sacerdócio e ministério, os Bispos tenham os Presbíteros em conta de irmãos e amigos e, na medida de suas forças tomem a peito o bem deles, tanto material quanto sobretudo o espiritual"[83].

---
[83] PO 7a.

O Presbitério aparece logo em seguida, no contexto da responsabilidade dos Bispos pelo bem de cada um de seus Presbíteros:

"Pois é em primeiro lugar sobre eles que recai o grave dever de santidade de seus sacerdotes: consagrem pois o maior cuidado ao aprimoramento de seu Presbitério. Saibam escutá-los, consultá-los mesmo, e com eles se entreter sobre as necessidades da ação pastoral e o bem da diocese"[84].

Logo em seguida, o decreto coloca os alicerces para a criação de uma estrutura representativa, formada de sacerdotes, que terá a finalidade de ajudar o Bispo no governo da diocese. Esse órgão colegial é o que futuramente se chamará Conselho Presbiteral:

"Forme-se – num modo adaptado às circunstâncias e necessidades hodiernas, na forma e por normas a serem traçadas pelo direito – um grupo ou Senado de sacerdotes, que representem o Presbitério e possam auxiliar eficazmente com seus conselhos o Bispo no governo da diocese"[85].

O parágrafo seguinte é dedicado à obediência dos Presbíteros ao Bispo, decorrente de sua participação no ministério episcopal, conferida pela ordenação e pela missão canônica:

"Os Presbíteros, por sua vez, tendo diante dos olhos a plenitude do Sacramento de que desfrutam os Bispos, respeitem neles a autoridade de Cristo, supremo Pastor. Unam-se pois a seu Bispo por uma caridade sincera e pela obediência. Essa obediência

---

[84] Id.
[85] Ibid.

sacerdotal, repassada de espírito de cooperação, se baseia na própria participação do ministério episcopal, que é conferido aos Presbíteros através do sacramento da Ordem e da missão canônica"[86].

O n. 7 termina com um augúrio dos Padres conciliares no sentido de uma efetiva união dos Presbíteros com os Bispos e da união de esforços de todos os Presbíteros, exigência fundamental para a eficácia do trabalho apostólico:

"Requer-se tanto mais em nossos dias a união dos Presbíteros com os Bispos, porquanto nesse nosso tempo, por motivos diversos, as iniciativas apostólicas não só terão que revestir formas múltiplas, mas deverão ainda ultrapassar os limites de uma só paróquia e diocese. Nenhum Presbítero pode, por isso, isolada e como que individualmente, cumprir de maneira satisfatória sua missão, mas há de unir suas forças às de outros Presbíteros, sob a direção dos chefes da Igreja"[87].

Da fraternidade entre os Presbíteros se ocupa o n. 8. Porque formam um só Presbitério na diocese, já que estão ligados entre si por uma íntima fraternidade sacerdotal, os Presbíteros desempenham um único ministério sacerdotal em favor dos homens. Por isso, devem cooperar na mesma obra, seja com a investigação científica seja em todas as atividades apostólicas, concordes na celebração eucarística e unidos pelo vínculo da caridade, oração e diversas modalidades de cooperação no ministério[88]. Isso possibi-

---
[86] PO 7b.
[87] PO 7c.
[88] Cf. PO 8a.

litará uma maior integração entre os Presbíteros de idade mais avançada e os mais jovens, de sorte que aqueles acolham a estes como irmãos e os ajudem nas primeiras iniciativas e encargos do ministério, tudo fazendo para compreender-lhes a mentalidade e apoiar suas iniciativas; os mais jovens, por sua vez, respeitarão a idade e a experiência dos mais velhos e com eles dialogarão e partilharão suas iniciativas[89]. Os gestos concretos de fraternidade entre os Presbíteros são elencados nos dois parágrafos seguintes: a hospitalidade, a benevolência, a comunhão de bens, sobretudo com os doentes, aflitos, sobrecarregados de trabalhos, solitários, exilados e perseguidos, a vida comunitária, o lazer e as associações de sacerdotes[90], a solicitude pelos Presbíteros em dificuldade, mediante apoio, admoestações, fraterna caridade, magnanimidade e orações[91].

Na convivência com os fiéis leigos, os Presbíteros são irmãos entre irmãos, como membros de um só e mesmo Corpo de Cristo[92]. Presidindo de forma que busquem não o que é seu, mas o que é de Jesus, hão de conjugar seus esforços com os leigos, reconhecer e promover sinceramente a dignidade e as incumbências deles na missão da Igreja, acatar sua justa liberdade, ouvi-los, apreciar seus desejos, reconhecer seus carismas, sua experiência e competência nos diversos campos da atividade humana e entregar-lhes com confiança tarefas para o serviço da Igreja, deixando-lhes liberdade e possibilidade de agir[93]. Hão de ser promotores da unidade, procurarão harmonizar as diversas mentalidades dos leigos, de

---

[89] Cf. PO 8b.
[90] Cf. PO 8c.
[91] Cf. PO 8d.
[92] Cf. PO 9a.
[93] Cf. PO 9b.

sorte que nenhum deles se sinta estranho na comunidade, e serão defensores do bem comum, testemunhas corajosas da verdade, não permitindo que os fiéis se afastem da verdade e abordando, como bons pastores, os que se afastaram dos sacramentos[94]. Não descuidarão do ecumenismo[95] nem da atenção que devem dedicar aos que não são cristãos[96]. Os fiéis cristãos, que têm deveres para com os Presbíteros, devem cercá-los de amor filial, compartilhar de suas preocupações, auxiliá-los pela oração e ação[97].

A normativa pós-conciliar

O Presbitério e o Conselho Presbiteral foram objetos de muitos documentos do Magistério da Igreja após o último Concílio Ecumênico. Dentre eles, oito se destacam: 1) a Carta Apostólica *Ecclesiae Sanctae*, de Paulo VI, com a qual são estabelecidas e promulgadas normas para a aplicação de alguns decretos do Vaticano II[98]; 2) A Carta Circular *Presbyteri Sacra*, da Sagrada Congregação para o Clero, que contém princípios e critérios gerais para a constituição dos Conselhos Presbiterais nas Igrejas particulares[99]; 3) O documento final do Sínodo dos Bispos de 1971, sobre o sacerdócio ministerial[100]; 4) O Diretório para o ministério pastoral dos Bispos, da Sagrada Congregação para os Bispos[101]; 5) O Diretório para o ministério e a vida dos Presbíteros, da Con-

---

[94] Cf. PO 8c.
[95] Cf. PO 9d.
[96] Cf. PO 9e.
[97] Cf. PO 9f.
[98] Cf. PAULO VI, Motu proprio *Ecclesiae Sanctae*, 06/08/1966, AAS 58 (1966) 757-787. É a primeira parte do documento que trata especificamente do Conselho Presbiteral (nn. 15-17).
[99] Cf. SAGRADA CONGREGAÇÃO PARA O CLERO, Carta circular *Presbyteri* sacra, 11/04/1970, *AAS* 62 (1970) 459-465.
[100] Cf. SÍNODO DOS BISPOS, *Documento Ultimis temporibus*, 30/11/1971, AAS 63 (1971) 898-922.
[101] Cf. SAGRADA CONGREGAÇÃO PARA OS BISPOS, Diretório *Ecclesiae imago*, 22/02/1973, EV 4/1945-2328. Tratam dos Presbíteros e do Presbitério sobretudo os nn. 62, 107-117, 145-146, 203, 205, 206.

gregação para o Clero[102]; 6) A Exortação Apostólica *Pastores dabo vobis*, de João Paulo II, sobre a formação sacerdotal[103]; 7) O Código de Direito Canônico; 8) O Catecismo da Igreja Católica.

2. Fundamentação teológica do Conselho Presbiteral

A comunhão hierárquica – contexto no qual está inserida a ordem presbiteral, do qual emergem os vínculos que unem os Presbíteros ao Romano Pontífice e ao Colégio Episcopal, mediante a pertença ao Presbitério presidido pelo Bispo diocesano, e onde é atuada a necessária colaboração dos presbíteros no ministério pastoral do Bispo – é um princípio teológico derivado. Antes dele, há um outro mais abrangente, não adjetivado, que se refere a todos os membros da Igreja: o princípio da Comunhão.

2.1. A Igreja, mistério de comunhão

O Concílio Vaticano II utilizou o conceito de *comunhão (koinonía)*[105] para exprimir o núcleo do mistério da Igreja. É uma chave de leitura fundamental para a eclesiologia católica e se refere ao mistério da união pessoal de cada homem com a Trindade divina e com os outros homens, iniciada pela fé e orientada à plenitude escatológica na Igreja celeste, mas já presente, de forma começada, na Igreja peregrina nesta terra. O termo *comunhão*

---

[102] Cf. Congregação para o Clero, Diretório *Dives Ecclesiae*, 31/03/1994, EV 14/750-917.
[103] Cf. João Paulo II, Exortação Apostólica *Pastores dabo vobis*, 25/03/1992, *AAS* 84 (1992) 657-804.
[104] Os dois primeiros tópicos dessa reflexão decorrem da doutrina exposta na Carta *Communionis notio,* da Congregação para a Doutrina da Fé (cf. AAS 85 [1993] 838-850).
[105] Cf. LG 4.8.13-15.18.21.24.25; DV 10; GS 32; UR 2-4.14-15.17-19.22.

não é unívoco; tem, por isso, dúplice dimensão: a dimensão *vertical* (comunhão com Deus) e a *horizontal* (comunhão entre os homens). A primeira dimensão é condição de possibilidade para a segunda, já que, no mistério pascal, Cristo estabeleceu uma nova relação entre Deus e os homens, que se comunica nos sacramentos e se estende a uma nova relação dos homens entre si.

A Igreja, que é em Cristo "como que o sacramento ou o sinal e instrumento da íntima união com Deus e da unidade de todo o gênero humano"[106], significa e já realiza em germe aquela comunhão querida por Deus por ser a comunidade dos eleitos que estão fora da mansão, longe do Senhor, pois caminham pela fé e não pela visão, e por revelar em si a unidade que faz dos fiéis os membros do mesmo corpo, o corpo místico de Cristo, uma comunidade estruturada organicamente, um povo reunido pela unidade da Trindade, com todos os meios aptos para a união visível e social.

Além da verticalidade (comunhão com Deus) e da horizontalidade (comunhão com os homens), a comunhão eclesial possui, ao mesmo tempo, as prerrogativas da visibilidade e da invisibilidade. A comunhão *invisível* se refere aos vínculos de cada homem com o Pai por Cristo no Espírito Santo e com os outros homens co-participantes na natureza divina, na paixão de Cristo, na mesma fé e no mesmo Espírito. A comunhão *visível*, por sua vez, diz respeito a três realidades: à doutrina dos Apóstolos, cujos sucessores (os Bispos), sinais visíveis de unidade em suas Igrejas particulares, com e sob o Bispo de Roma, sinal visível de unidade da Igreja espalhada no mundo inteiro, são fiéis depositários, íntegros custódios e fiéis intérpretes; aos sacramentos, que são sinais

---
[106] LG 1.

sensíveis da graça invisível, e à ordem (disciplina) eclesiástica, que comporta as instituições e normas universais e particulares do corpo eclesial. A ligação que existe entre a comunhão visível e a invisível é íntima e constitutiva da Igreja como sacramento de salvação, já que, por meio de todos os elementos visíveis, Cristo Jesus realiza de vários modos sua função profética, sacerdotal e real em favor da salvação de todos os homens. Enviada ao mundo para anunciar, testemunhar atualizar e expandir o mistério de comunhão que é constitutivo dela, a Igreja tem o escopo de congregar todos e tudo em Cristo e de ser para todos sacramento inseparável de unidade.

Pela fé e pelo batismo, cada homem é inscrito na comunhão eclesial, cuja raiz e centro é a Eucaristia. O batismo incorpora o homem em um corpo edificado e vivificado pelo Senhor ressuscitado mediante a Eucaristia[107], na qual o Senhor nos dá seu Corpo e nos transforma num só Corpo. O Mistério da Fé é o lugar onde permanentemente a Igreja se exprime em sua forma mais essencial: presente em toda a parte e, no entanto, sendo só uma, como um é Cristo. Tal é o sentido da expressão paulina *a Igreja é o Corpo de Cristo*.

Desde o final do século IV, a partir do Símbolo apostólico[108], a Igreja é chamada também *Comunhão dos santos*. A comum participação visível nos bens da salvação *(as coisas santas)*, especialmente na Eucaristia, é raiz da comunhão invisível entre os participantes *(os santos)*. Comporta essa comunhão uma soli-

---

[107] O Vaticano II expressa a relação da Eucaristia com a comunhão eclesial com estas palavras: "Participando realmente do Corpo do Senhor na fração do pão eucarístico, somos elevados à comunhão com Ele e entre nós. 'Sendo um só o pão, todos os que participam deste pão único formamos um só corpo' (1Cor 10,17). Assim tornamo-nos todos membros desse Corpo (cf. 1Cor 12,27), 'cada um membros uns dos outros' (Rm 12,5)" (LG 7).
[108] Cf. DS 19.26-30.

dariedade espiritual entre os membros da Igreja, enquanto membros de um mesmo Corpo, e tende à efetiva união na caridade, constituindo *um só coração e uma só alma*[109]. A comunhão leva também à união na oração, inspirada em todos por um mesmo Espírito.

2.2. O Mistério de Comunhão na Igreja particular

A Igreja de Cristo, una, santa, católica e apostólica, é a Igreja universal, ou seja, a universal comunidade dos discípulos de Jesus, que se torna presente e operante na particularidade e diversidade das pessoas, grupos, tempos e lugares. Entre essas múltiplas expressões particulares da presença salvífica da única Igreja de Cristo encontram-se desde a época apostólica as que em si mesmas são *Igrejas*[110], porque, embora particulares, nelas se torna presente a Igreja universal com todos os seus elementos essenciais (unidade, santidade, catolicidade e apostolicidade).

A Igreja universal pode também ser chamada de o *Corpo das Igrejas*[111], pelo que é possível aplicar de *modo analógico* o conceito de comunhão também à união entre as Igrejas particulares e entender a Igreja universal como uma *Comunhão de Igrejas*, mas no sentido de que estas, porque são partes da única Igreja de Cristo, têm com o todo, isto é, com a Igreja universal, uma relação de mútua interioridade, porque em cada Igreja particular "está verdadeiramente presente e atua a Igreja de Cristo, Una, Santa, Católica e Apostólica"[112].

---

[109] At 4, 32.
[110] Cf. At 8,1; 11,22; 1Cor 1,2; 16,19; Gl 1,22; Ap 2,1.8.
[111] Cf. LG 23b.
[112] CD 11.

A unidade ou comunhão em cada Igreja particular está radicada não somente na mesma fé e no batismo comum, mas sobretudo na Eucaristia e no Episcopado. Está radicada na *Eucaristia* porque o sacrifício eucarístico, embora se celebre sempre numa comunidade particular, nunca é apenas uma celebração dessa comunidade: ela, de fato, recebendo a presença eucarística do Senhor, recebe o dom integral da salvação e manifesta-se assim, apesar de sua constante particularidade visível, como imagem e verdadeira presença da Igreja una, santa, católica e apostólica. Está também radicada no Episcopado, pois à sua frente é preposto o Bispo diocesano, sucessor dos Apóstolos, seu pastor próprio, princípio e fundamento visível de unidade. A Igreja particular só é plenamente Igreja, isto é, presença particular da Igreja universal com todos os seus elementos essenciais, portanto constituída à imagem da Igreja universal, se nela estiver presente, como elemento próprio, a suprema autoridade da Igreja: o Colégio Episcopal, com e sob seu chefe, o Romano Pontífice, e nunca sem ele. Como membro do Colégio dos Bispos, o Bispo diocesano visibiliza de forma eminente a apostolicidade da sua Igreja particular qual liame indispensável com a Comunhão das Igrejas e expressa de modo peculiar a presença do Romano Pontífice e dos demais sucessores dos Apóstolos em todas e cada uma das comunidades de sua diocese.

2.3. Comunhão e participação dos Presbíteros no ministério do Bispo

Constituída à "imagem da Igreja universal"[113], a diocese é compreendida como "uma porção do Povo de Deus confiada à cura pastoral do Bispo coadjuvado por seu Presbitério"[114]. Essa

---

[113] LG 23a; cf. AG 20.
[114] CD 11.

unidade de consagração e missão do Bispo com os Presbíteros existe na diocese porque estes "participam de tal sorte de um e mesmo sacerdócio e ministério de Cristo, que chega a postular a comunhão hierárquica deles com a Ordem dos Bispos"[115]. Essencial à noção de *comunhão* é a idéia de *participação*. Entrar na comunhão da Igreja faz com que o fiel se torne participante dos bens essencialmente espirituais, quais sejam a fé, as multiformes manifestações do Espírito Santo, a salvação, os sacramentos etc. Participar desses bens significa possuir esses mesmos bens. A comunhão, todavia, não se realiza apenas no nível espiritual; concretiza-se ainda juridicamente naquelas atitudes e relações com os demais irmãos que também estão inseridos na dinâmica de comunhão. Viver a comunhão é, assim, participar da responsabilidade na difusão do Evangelho, que é tarefa de toda a Igreja e de cada um de seus membros. A idéia de *comunhão* na Igreja, dessa forma, supõe e exige uma outra não menos importante: a de *co-responsabilidade*[116]. Esse princípio, aplicado especificamente à relação do Bispo com os Presbíteros na diocese, pode ser assim formulado:

"Entre o Bispo e seu Presbitério existe uma relação fundada sobre o sacramento da Ordem. De sorte que os Presbíteros tornam presente de algum modo o Bispo em cada uma das assembléias locais de fiéis, e assumem e exercitam em parte com empenho cotidiano suas tarefas e sua solicitude (cf. LG 28). Por conseguinte, entre os Bispos e seus Presbíteros devem existir relações amigáveis e plena confiança"[117].

---

[115] PO 7a.
[116] É o que declara o Sínodo dos Bispos, de 1985: "Uma vez que a Igreja é comunhão, deve haver participação e co-responsabilidade em todos os seus graus" (Documento *Exeunte coetu secundo*, 07/12/1985, II, C, 6a [EV 9, 1806]).
[117] Id., 6b [EV 9, 1807]).

Repetidas vezes, o Concílio chama os Presbíteros de solícitos cooperadores da Ordem episcopal[118], auxiliares, conselheiros necessários, filhos e amigos dos Bispos, de quem tomam suas solicitudes e funções de ensino, santificação e governo do Povo de Deus[119]. Tais afirmações remetem os Presbíteros ao núcleo da *communio hierarchica*, no seio da qual participam ativamente da atividade apostólica do Bispo com base nos seguintes critérios: *a mesma unidade de consagração e missão*[120], a promessa de obediência feita na ordenação presbiteral, *repassada de espírito de cooperação*[121], a incardinação e o cumprimento fiel dos ofícios a eles confiados pelo Bispo diocesano.

O Conselho Presbiteral se insere no âmbito daquelas formas organizadas e institucionais, ratificadas pelo Código de Direito Canônico, que procedem e se fundam nos sacramentos do Batismo[122] e da Ordem[123], de solicitude efetiva pelo bem da Igreja particular. Sem tocar na competência jurídica da autoridade hierárquica, o Conselho Presbiteral, órgão representativo do Presbitério da diocese, é um instrumento necessário na estrutura da Igreja-comunhão não porque faça parte da constituição da Igreja, mas porque oferece ao Bispo, em forma de consulta, a manifestação colegial mais expressiva de participação direta de todos os Presbíteros nas decisões e ações do Bispo diocesano. Tendo o direito e o dever de exprimir seu parecer ao Pastor da diocese sobre

---

[118] Cf. LG 28b; AG 39a; CD 14a, 28a; PO 12a.
[119] Cf. LG 28b; PO 7a.
[120] PO 7.
[121] Id.
[122] O Sínodo diocesano (cf. cân. 460), a Cúria diocesana (cf. cân. 469), o Conselho de economia da diocese (cf. cân. 492 § 1), o Conselho de pastoral diocesano (cf. cânn. 511-512), o Conselho pastoral paroquial (cf. cân. 536), o Conselho de economia da paróquia (cf. cân. 537) etc.
[123] O Conselho episcopal (cf. cân. 473 § 4), o Colégio dos consultores (cf. cân. 502), o Cabido da Catedral (cf. cân. 503).

as questões de maior importância para a edificação do Corpo de Cristo e o bem da Igreja particular, como seu *Senado ou conselho*[124], o Conselho Presbiteral é um organismo idôneo e muito adequado aos nossos tempos de concretização da indispensável colaboração dos Presbíteros no governo da diocese.

3. Os "representados" do Conselho Presbiteral

É preciso evocar vários textos conciliares e outros documentos pontifícios – pois a leitura isolada deles pode deixar incertezas e imprecisões – para responder com exatidão a esta questão: quem pertence ao Presbitério da diocese?

O Decreto *Christus Dominus* considera os sacerdotes diocesanos incardinados que colaboram no pastoreio da diocese os primeiros membros do Presbitério[125].

O mesmo documento leva em conta também os religiosos sacerdotes, que, tendo sido consagrados ao ofício do presbiterado para serem também eles cooperadores da ordem episcopal, "sob certo aspecto verdadeiro pode-se dizer que pertencem ao clero diocesano, na medida em que, sob a autoridade dos Bispos, têm parte na cura das almas e no exercício das obras de apostolado"[126]. Também incluem os religiosos sacerdotes no Presbitério da diocese o decreto Presbyterorum Ordinis[127] e o Papa João Paulo II[128].

---

[124] CD 27b; cf. PO 7a.
[125] Cf. CD 28.
[126] Cf. CD 34.
[127] "É de grande importância que todos os Presbíteros, tanto diocesanos quanto religiosos, se ajudem uns aos outros, para serem sempre cooperadores da verdade. Com os demais membros deste Presbitério, cada qual está unido por laços especiais de caridade apostólica, de ministério e fraternidade" (PO 8).
[128] "Do único Presbitério também fazem parte, a título diverso, os Presbíteros religiosos residentes e atuantes em uma Igreja particular. A sua presença constitui um enriquecimento para todos os sacerdotes e os vários carismas por eles vividos, enquanto são um estímulo para que os Presbíteros cresçam na compreensão do sacerdócio mesmo, contribuem para estimular e acompanhar a formação permanente dos sacerdotes" (*Pastores dabo vobis* 74).

O Decreto Ad Gentes, por sua vez, além dos incardinados e dos religiosos, acrescenta ainda os missionários estrangeiros que atuam na diocese[129].

O Código de Direito Canônico não especifica quem pertence ao Presbitério, mas dá algumas indicações a esse respeito, quando trata de quem tem direito ativo e passivo de eleição na constituição do Conselho Presbiteral, que representa o Presbitério: os sacerdotes seculares incardinados na diocese, os sacerdotes seculares não incardinados na diocese e os sacerdotes membros de Instituto Religioso ou de Sociedade de Vida Apostólica que, residindo na diocese, exercem a seu favor algum ofício[130].

Comportando, por conseguinte, sacerdotes incardinados e não incardinados, religiosos e estrangeiros, desde que realizem algum ofício em favor da diocese, pergunta-se: o Presbitério deve ser chamado *diocesano* ou *da diocese*? Ou antes, é mais preciso qualificar o clero de *diocesano* ou *da diocese*? Houve quem, tratando dessa questão, propusesse a seguinte solução: haveria dois tipos de clero na diocese. O primeiro tipo seria o clero diocesano, composto de sacerdotes diocesanos incardinados e destinados à diocese, conforme CD 28; o segundo seria o clero da diocese, que compreenderia também os sacerdotes religiosos, conforme CD 34, e os sacerdotes estrangeiros, segundo AG 20. O *clero diocesano* pertenceria ao Presbitério ordinariamente: pertença no sentido estrito; o clero da diocese, ao invés, extraordinariamente ou de forma associada: pertença no sentido amplo. Essa distinção, que nunca foi assumida pelo Magistério da Igreja, é,

---

[129] "Nestas Igrejas novas os sacerdotes locais empreendam corajosamente o trabalho de evangelização, cooperando com os missionários estrangeiros. Formem com os mesmos um só Presbitério, reunido sob a autoridade do Bispo" (AG 20).
[130] Cf. cân. 498 § 1.

no mínimo, contraproducente, pois põe em risco a unidade que deve existir entre os sacerdotes do Presbitério, tão desejada pelo Concílio. Além disso, os documentos pontifícios parecem não dar valor absolutamente rígido aos termos «diocesano» e «da diocese», atribuídos ao Conselho Presbiteral: ora usam o primeiro[131], ora o segundo[132]. Afinal, existe um só Presbitério e uma só família, cujo pai é o Bispo.

E quanto ao Bispo diocesano, pode-se afirmar que ele pertence ao Presbitério? A grande maioria dos textos conciliares não concebe um Presbitério da diocese que inclua o Bispo diocesano[133]. Ao contrário, o Presbitério é concebido como um corpo sacerdotal que coadjuva o Bispo, mas não o inclui como seu membro.

Todavia, dois textos do Concílio parecem considerar que o Bispo pertence ao Presbitério:

"[Os Presbíteros] formam com seu Bispo um único Presbitério" (LG 28);

"[Os sacerdotes diocesanos] constituem um só Presbitério e uma só família, cujo pai é o Bispo" (CD 28).

Essa aparente imprecisão do Concílio, ao estabelecer a rela-

---

[131] "Os sacerdotes que pertencem às ordens e congregações religiosas são uma riqueza espiritual para todo o *presbitério diocesano (pro tota presbyterali compagine dioecesana)*" (*Pastores dabo vobis* 31); "A ativa participação no *presbitério diocesano* (in presbyterio dioecesano), os contatos regulares com o Bispo e com os outros sacerdotes, a mútua colaboração, a vida comum ou fraterna entre os sacerdotes, como também a amizade e a cordialidade com os fiéis leigos que são ativos nas paróquias, são meios muito úteis para superar os efeitos negativos da solidão que algumas vezes o sacerdote pode experimentar" (Id. 74).

[132] "É necessário que o Conselho Presbiteral seja expressão de todo o *presbitério da diocese (dioecesis presbyterium)*" (*Presbyteri sacra Ordinatione* 6); "O Conselho, enquanto representa todo *o presbitério da diocese (dioecesis presbyterium)*, é instituído para promover o bem da diocese mesma" (Id. 8).

[133] "Um só altar, presidido pelo Bispo, cercado de seu Presbitério" (SC 41); "O Bispo e seu Presbitério" (LG 29); "[Os Diáconos] sirvam ao povo de Deus em comunhão com o Bispo e seu Presbitério" (CD 15); "[Os sacerdotes locais] formem com os mesmos [os sacerdotes estrangeiros] um só Presbitério, reunido sob a autoridade do Bispo" (AG 20); "[Os Bispos] consagrem, pois, o maior cuidado ao aprimoramento do seu Presbitério" (PO 7); "[Os Presbíteros] formam um só Presbitério na diocese para cujo serviço estão escalados sob a direção do próprio Bispo" (PO 8).

ção do Bispo com o Presbitério, levou alguns canonistas a propugnar dois modelos de Presbitério: o primeiro, baseado em LG 28 e CD 28, compreenderia todo o corpo sacerdotal como responsável pelo pastoreio da diocese, tendo o Bispo como cabeça; o segundo modelo, baseado em LG 29, SC 41, CD 15, PO 7-8 e AG 20, excluiria o Bispo diocesano como membro do Presbitério e reservaria somente a ele o pastoreio de sua Igreja particular. A corrente que defende a exclusão do Bispo diocesano como membro do Presbitério de sua diocese é hoje majoritária, e apresenta as seguintes observações sobre LG 28 e CD 28: a) a expressão "com seu Bispo (*cum suo episcopo*)", em LG 28, indica o princípio de unidade e o elemento comunional sobre os quais se funda o Presbitério; b) se a *Lumen Gentium* tivesse querido indicar explicitamente que o Bispo diocesano pertenceria ao Presbitério, seria mais lógico utilizar a expressão "[Os Presbíteros] e seu Bispo (*et eorum Episcopus*) formam um único Presbitério"; c) a respeito da expressão "[Os sacerdotes diocesanos] constituem um só Presbitério e uma só família, cujo pai é o Bispo" (CD 28), trata-se de uma analogia utilizada apenas para indicar como devem ser concebidas as relações entre o Bispo e os Presbíteros; d) além disso, CD 28 não supõe que o Bispo seja o pai na família do Presbitério, mas que é pai dessa família; e) em quatro ocasiões, ao se referir ao Presbitério, o Concílio cita, em notas de pé de página[134], as cartas de Santo Inácio de Antioquia, nas quais o Bispo diocesano não é incluído no Presbitério de sua diocese; naquelas citações, existe uma nítida distinção entre o Bispo (que representa Deus) e os Presbíteros (que representam o Senado apostólico); f) sustentar a tese de que o Bispo é mem-

---

[134] Cf. LG 28, nota 73; SC 41, nota 14; PO 7, notas 41 e 42.

bro do Presbitério comportaria o risco de incompatibilização com a doutrina do próprio Concílio Vaticano II, que salvaguarda o intangível poder do Bispo diocesano qual único pastor de sua Igreja particular[135], e o perigo de conceber o Presbitério como órgão ao qual é confiado sinodalmente o governo da diocese, numa espécie de presbiterianismo.

Os Bispos auxiliares e coadjutores não pertencem ao Presbitério da diocese, já que fazem parte do Colégio dos Bispos, mesmo tendo o direito de participar do Conselho Presbiteral como membros natos, em razão dos ofícios a eles confiados.

4. O conceito de "representatividade"

O Conselho Presbiteral é o único organismo de colaboração na diocese ao qual a normativa vigente reconheceu a característica da representatividade. No texto mais importante do Concílio Vaticano II a respeito do Conselho Presbiteral, dispõe-se que este seja formado qual "grupo ou Senado de sacerdotes, que representem o Presbitério (*presbyterium repraesentantium*) e possam auxiliar eficazmente com seus conselhos o Bispo no governo da diocese"[136]. Aqui, a representatividade é atribuída não ao Conselho em si, mas aos Presbíteros. No Código de Direito Canônico, esta prerrogativa pertence ao órgão e não aos seus membros[137]. A representatividade é o instituto pelo qual à vontade de uma pessoa, exteriormente manifestada, o direito atribui os mesmos efei-

---

[135] Cf. LG 27; CD 11; cânn. 375; 381; 391.
[136] PO 7.
[137] "Em cada diocese, seja constituído o conselho presbiteral, a saber, um grupo de sacerdotes que, representando o Presbitério (*presbyterium repraesentans*), seja como o Senado do Bispo" (cân. 495 § 1).

tos que normalmente deveria produzir a vontade de uma outra.

A doutrina jurídica conhece quatro tipos de representatividade: a voluntária (relacionada com uma pessoa física), a legal (quando se trata de uma pessoa jurídica), a orgânica (quando é um órgão que representa um ente administrativo) e a política. As três primeiras, evidentemente, não se aplicam ao Conselho Presbiteral.

No âmbito político, a fonte do mandato representativo é a expressão livre e soberana do povo mediante o processo eleitoral, característico dos governos democráticos, que se regem por dois princípios básicos: o da maioria e o da tutela dos direitos das minorias. Apesar de o termo representatividade existir em alguns ordenamentos civis, sobretudo os de cunho democrático, o uso dessa expressão no ambiente eclesial não comporta automaticamente o compartilhamento do substrato histórico, filosófico e organizativo do contexto civil em que a Igreja está inserida. Com efeito, há diferenças fundamentais entre a comunidade política (democrática) e a Igreja, que não permitem que o conceito de *representatividade* seja aplicado a esta no mesmo sentido concebido por aquela: 1) a comunidade política nasce da vontade dos cidadãos; a Igreja não nasce da vontade dos fiéis, mas de um ato fundacional de Cristo; 2) na democracia, a forma de governo é determinada pelo povo; na Igreja, os fiéis não a estabelecem; 3) na democracia, os governantes exercem seu mandato por decisão soberana da maioria e o perdem por decisão desta; na Igreja, a transmissão do poder, o exercício e o termo do mandato de governo não acontecem por delegação da comunidade, mas por Cristo, mediante o sacramento da Ordem, que se expressa mediante as instituições eclesiais e o direito, que integram a comunhão hierárquica.

A representatividade do Conselho Presbiteral, que encontra seu fundamento na responsabilidade dele como Senado que colabora com o Bispo no governo da diocese, é, antes de tudo, de natureza eclesiológica, tanto porque seus membros devem ser ordenados, como porque o Presbitério, que ele representa, é um elemento constitutivo da Igreja particular. Mas essa representatividade tem também uma necessária natureza jurídica, não só porque o Conselho Presbiteral é estabelecido e regulado pelo direito, mas porque, quando ele é instituído e enquanto perdura, instaura-se uma relação de tipo jurídico, que exige um dever de seus membros, quais representantes do Presbitério, e não a um título pessoal, e um direito do Presbitério a ser representado. Não é impróprio afirmar, portanto, que o Conselho Presbiteral deve sempre pensar, sentir e agir em sintonia com todo o Presbitério da diocese. Ainda que os conselheiros tenham sido escolhidos por um setor pastoral ou grupo de sacerdotes e mesmo que os Estatutos determinem que sejam representados os sacerdotes do Presbitério, levando-se em conta principalmente os diversos ministérios e as várias regiões da diocese[138], nunca os conselheiros serão representantes apenas dos seus eleitores, mas de todo o Presbitério. O mesmo se diga dos membros natos e dos nomeados pelo Bispo. Considero, por isso, não fora de propósito alguma forma de prestação de contas dos representantes (o Conselho Presbiteral) ao representado (o Presbitério), onde este se inteire daquilo que aquele fez ou deixou de fazer e, ao mesmo tempo, onde o primeiro escute e acate a vontade do segundo, salvaguardada sempre a comunhão com o Bispo.

 Certa dificuldade poderia interpor-se ao conceito de representatividade o cân. 127 § 3, que diz: "Todos aqueles cujo consentimento é requerido devem manifestar sinceramente a própria opinião". Uma vez que o Conselho Presbiteral representa o

---

[138] Cf. cân. 499.

Presbitério, a quem deve sempre responder, expressar a *própria opinião* não seria uma certa contradição? Mais lógico não poderia ser manifestar sinceramente a *opinião do Presbitério*? Creio que não, contanto que a própria opinião, que pertence à esfera personalíssima e absolutamente insubstituível de cada conselheiro enquanto ser humano, seja, ao mesmo tempo, a expressão de uma consciência reta, isto é, iluminada pela Palavra de Deus, e a manifestação de um parecer que reflete o querer, o pensar e o agir de ao menos grande parte do Presbitério.

2
A constituição do Conselho Presbiteral

Por *constituição* entende-se o conjunto de atos e formalidades legais com o qual é erigido canonicamente o Conselho Presbiteral. No sentido amplo, vai desde a convocação dos membros do Presbitério da diocese, por decreto do Bispo diocesano, até à aceitação dos conselheiros eleitos ou indicados.

1. A obrigatoriedade

O cân. 495 § 1 afirma: "Em cada diocese seja constituído (*constituatur*) o conselho presbiteral..." A norma não deixa dúvidas: é obrigatória a criação do conselho presbiteral em todas e em cada uma das dioceses. Não é, portanto, um órgão facultativo, que depende do poder discricionário do Bispo, como é o caso do Conselho pastoral diocesano[139] ou do Conselho pastoral paroquial[140]: constituir o Conselho Presbiteral é uma norma preceptiva, um dever do Bispo diocesano, a quem compete "governar a Igreja particular que lhe é confiada, com poder legislativo, executivo e judiciário, de acordo com o direito" (cân. 391 § 2)!

A constituição do Conselho é um ato do poder executivo do governo do Bispo. Mesmo não sendo a obrigação da constituição do Conselho Presbiteral de direito divino, ele tem a obrigação de cumpri-la: "Devendo defender a unidade da Igreja universal, o Bispo é obrigado a promover a disciplina comum a toda a Igreja, e,

---
[139] Cf. cân. 511.
[140] Cf. cân. 536 § 1.

por isso, urgir a observância de todas as leis eclesiásticas" (cân. 392 § 1). Uma obrigação jurídica tem sempre relação com o direito de outra pessoa. Mas o Conselho Presbiteral é um direito de quem? Da diocese, que é pessoa jurídica (sujeito de direitos e de deveres), já que este órgão colegial faz parte integrante da Igreja particular. Em perspectiva estritamente jurídica, portanto, a constituição do Conselho Presbiteral é um dever de justiça, pois de um lado existe a diocese qual titular do direito ao Conselho Presbiteral (o Conselho Presbiteral é um *ius suum* da diocese, isto é, uma realidade a ela pertencente e a si devida pelo Bispo), e do outro lado existe o Bispo diocesano, titular do dever jurídico de constituir o Conselho Presbiteral. A constituição do Conselho Presbiteral é um comportamento devido do Bispo, de modo que a diocese possa gozar efetivamente do mesmo Conselho, que lhe pertence.

Circunstâncias excepcionalíssimas podem contribuir para que, dentro do prazo de um ano após a tomada de posse do Bispo, o Conselho ainda não tenha sido constituído. Também nessa situação anômala permanece a obrigatoriedade de criar o Conselho quanto antes. Nenhuma razão objetiva ou subjetiva, pastoral ou legal, laical, presbiteral ou episcopal legitima a inexistência por tempo indefinido e muito prolongado do Conselho Presbiteral em uma diocese. Afinal, como veremos detalhadamente mais adiante, o direito dispõe que o Bispo diocesano deve ouvir o Conselho nas questões de maior importância da diocese; nesses casos, seriam inválidos os atos do Bispo que prescindissem de tal obrigação. A falta do Conselho Presbiteral, dessa forma, causaria não poucas dificuldades para o exercício do poder de governo do Bispo e de seu pastoreio.

Poderia o Bispo apelar para o poder que o direito lhe concede e dispensar a diocese da constituição do Conselho? A resposta é absolutamente negativa, porque o cân. 87 § 1 afirma:

"O Bispo diocesano, sempre que julgar que isso possa concorrer para o bem espiritual dos fiéis, pode dispensá-los das leis disciplinares, universais ou particulares, dadas pela suprema autoridade da Igreja para seu território ou para seus súditos; não, porém, das leis processuais ou penais, nem daquelas cuja dispensa é reservada especialmente à Sé Apostólica ou a outra autoridade".

O poder de dispensa do Bispo, como se vê, é limitado e se refere apenas às leis disciplinares (que regulam as relações pessoais na comunidade eclesial). Ocorre, porém, que a lei que trata da constituição do Conselho Presbiteral não é disciplinar, mas *institucional*. O Conselho é um instituto jurídico (complexo de normas e princípios que regulam um determinado direito ou relação) fundamental da *diocese*. Faz parte, por conseguinte, da constituição essencial do instituto jurídico chamado diocese. Jamais, portanto, pode o Bispo diocesano dispensar a constituição do Conselho Presbiteral, pois "não são susceptíveis de dispensa as leis enquanto definem as coisas essencialmente constitutivas dos institutos ou dos atos jurídicos" (cân. 86).

Nos vicariatos e prefeituras apostólicas, onde é muito comum a escassez de ministros ordenados, o Vigário e o Prefeito devem constituir um conselho de ao menos três Presbíteros missionários, cujo parecer devem ouvir, mesmo por carta, nas questões mais graves[141].

2. O tempo

O Código de Direito Canônico não dispõe sobre quando deve ser criado o primeiro Conselho Presbiteral da diocese. Mas

---
[141] Cf. cân. 495 § 2.

considerando seu caráter obrigatório e sua dependência do Bispo diocesano, a quem compete convocá-lo, presidi-lo e determinar as questões a serem tratadas ou aceitar as questões propostas por seus membros[142], deve-se afirmar que a ocasião ordinária da criação é logo após a tomada de posse canônica do primeiro Bispo da diocese. Havendo interstício entre a instalação canônica da diocese e a posse do primeiro Bispo (ordinariamente, ambas ocorrem na mesma cerimônia), seria inválida a criação do Conselho Presbiteral nesse período por três motivos: 1) *Vacante sede, consilium presbyterale cessat*[143]; 2) *Consilium presbyterale nunquam agere sine Episcopo dioecesano*[144]; 3) incompetência absoluta de qualquer autoridade eclesiástica da diocese para divulgar o que é estabelecido nas reuniões do Conselho, já que esta é tarefa exclusiva do Bispo diocesano[145].

Tratando-se de constituir o Conselho Presbiteral após a primeira vacância da sé e as subseqüentes, o CIC/1983 estabelece o prazo de um ano após a tomada de posse do novo Bispo. Segundo o teor do cân. 501 § 2, que contém essa norma, e os cânones sobre o cômputo do tempo[146], o prazo de um ano se refere ao tempo contínuo, isto é, aquele que não sofre interrupção. Começa o cômputo do tempo à meia-noite do dia da posse e expira 365 dias após. Aqui é oportuno responder a uma objeção: já que o Conselho Presbiteral é obrigatório, por que um período excessivamente longo é dado à autoridade competente para constituí-lo? Não haveria uma certa contradição entre a norma da obrigatoriedade, que supõe a necessidade do Conselho, e o de-

---

[142] Cf. cân. 500 § 1.
[143] Cân. 501 § 2.
[144] Cân. 500 § 3.
[145] Id.
[146] Cf. cânn. 200-203.

morado tempo de um ano, que conjecturaria a sua relatividade? Na verdade, inúmeros fatores pastorais e até políticos e sociais podem dificultar ou inclusive impedir a constituição imediata do Conselho. Dentre os fatores pastorais, pense-se, por exemplo, no pouco conhecimento que o Bispo tem da inteira realidade da diocese e do clero, no início de seu pastoreio. Já que alguns membros do Conselho serão escolhidos por ele para ajudá-lo a governar a diocese, justifica-se um certo tempo de maturação e discernimento, que lhe permita adquirir um conhecimento mínimo de todo o clero, com seus ministérios e aptidões, bem como suas diferentes regiões pastorais. Também fatores políticos e sociais, como prisão, confinamento, exílio ou incapacidade física ou moral do Bispo, grande dificuldade de comunicação entre o clero e o Bispo, guerras e outras situações adversas que atingem o território da diocese etc., podem exigir a procrastinação da constituição do Conselho.

3. O Procedimento

Duas são as etapas da constituição do Conselho Presbiteral: a convocação, e a designação dos membros. Esta última ocorre nas três modalidades previstas pelo Direito: eleição; proclamação dos membros natos, segundo o ofício que desempenham; escolha de alguns conselheiros, da parte do Bispo diocesano.

3.1. *Convocação* – O itinerário para a constituição do Conselho Presbiteral tem duas etapas. O primeiro passo é a *convocação* dos sacerdotes que residem legitimamente na diocese, para a constituição do Conselho. A convocação é um ato de poder executivo. Por isso, devem ser observadas as normas a respeito do poder de regime executivo, contidas no CIC/1983[147]. A forma jurídica da convocação é um decreto, mediante o qual o Bispo diocesano decide constituir o Conselho e, para isso, intima todos os sacerdotes para a realização das formalidades legais antecedentes. Conforme o cân. 51, o decreto deve ser baixado por escrito (exigência requerida não para a validade, mas apenas para a liceidade), expondo os motivos, ao menos sumariamente, da convocação do Conselho, e indicando o local, data, hora, momentos e formas de escolha dos futuros membros. O decreto de convocação pode ser *pessoal* e *geral*. A convocação *pessoal* é feita quando se sabe onde todos os interessados residem. Sua vantagem é oferecer garantia maior de possibilidade de intimação. Quando a convocação é pessoal, vale se for feita no lugar do domicílio ou quase-domicílio[148] ou no lugar de residência do sacerdote[149], mediante correspondência postal, fax, correio eletrônico, viva voz, telefone etc. Exclui-se, neste caso, a publicação no órgão oficial da diocese ou em outro meio de comunicação social. A convocação também pode ser geral, quando é dirigida a todos os sacerdotes. Neste caso, admite o uso da imprensa, edital e outros meios de massa. Usada quando o domicílio, quase-domicílio ou lugar de residência de um ou mais sacerdotes são desconhecidos, como é o caso de alguns incardinados não-residentes, que têm direito à voz ativa e passiva na constituição do Conselho[150], a convocação geral oferece mais segurança contra qualquer eventual pedido de anu-

---

[147] Cf. cânn. 129-144.
[148] Adquire-se o domicílio pela residência no território de uma paróquia ou, ao menos de uma diocese que, ou esteja unida à intenção de aí permanecer perpetuamente se nada afastar daí, ou se tenha prolongado por cinco anos completos. O quase-domicílio obtém-se com uma intenção de permanência com menor tempo (três meses) ou o prolongamento de fato no local por apenas três meses (cf. cânn. 102 §§ 1-2).
[149] Cf. cân. 166 § 1.
[150] Cf. cân. 498 § 1, 1º.

lação da eleição, previsto pelo direito[151]. Se o ato de convocação, seja geral ou pessoal, preterir mais que a terça parte dos sacerdotes que têm voz ativa, a eleição é nula *ipso iure*, a não ser que todos os preteridos tenham de fato comparecido[152].

3.2. *A designação dos membros* – O segundo passo da constituição do Conselho Presbiteral é a realização da escolha dos membros, segundo o que foi estabelecido no decreto de convocação. A composição do conselho é tripartida: a primeira parte dos membros se obtém mediante eleição; a segunda é composta de membros natos, em razão do ofício a eles confiado; a terceira é indicada pelo Bispo. A distinção dos membros nessas três categorias é muito oportuna, pois mediante as indicações do Bispo são supridas algumas lacunas produzidas pelo resultado das eleições, *aperfeiçoando*, por assim dizer, a representatividade do Presbitério. Por sua vez, a presença de alguns conselheiros titulares de ofícios de particular relevância na Diocese possibilita maior equilíbrio de opiniões e proporciona maior aprofundamento, exaustão e completeza nas discussões ligadas às suas respectivas competências. Analisemos cada uma dessas três modalidades de escolha dos membros.

3.2.1. *Eleição* – A primeira forma de designação dos membros é a eleição: "No tocante à designação dos membros do conselho presbiteral: aproximadamente a metade seja eleita (eligatur) livremente pelos próprios sacerdotes"[153]. "Eleição" é a indicação,

---

[151] Se algum dos que devem ser convocados tiver sido preterido e por esse motivo tiver estado ausente, a eleição é válida; mas, a requerimento dele, provada a preterição e ausência, a eleição, mesmo já confirmada, deve ser anulada pela autoridade competente, contanto que conste juridicamente que o recurso foi enviado, ao menos dentro de três dias depois de recebida a notícia da eleição (cân. 166 § 2).
[152] Cf. cân. 167 § 3.
[153] Cân. 498, 1º.

mediante escrutínio realizado por um grupo de pessoas, de alguém que reúne os requisitos canônicos para o desempenho de um ofício eclesiástico.

Em muitas dioceses, o primeiro regulamento eleitoral, previamente estabelecido e aprovado pelo Bispo, e em seguida incorporado aos Estatutos do Conselho, é o que está contido no Código de Direito Canônico[154].

a) Características do voto – Os estatutos do Conselho Presbiteral definem como será o sufrágio de cada eleitor: secreto (quando não permite a identificação de quem o emitiu e em favor de quem se emitiu) ou do conhecimento dos outros eleitores. Nos dois casos, para a validade, o voto deve ser certo, absoluto, determinado, livre, único para cada eleitor:

– *Certo*, de sorte que não deixe dúvidas sobre a intenção do eleitor de votar, nem sobre a identidade do eleito. A certeza do voto traduz o seguinte pensamento do eleitor: "Eu voto em tal candidato". O voto que expressasse várias preferências seria nulo.

– *Absoluto*, sem restrições ou condições, seja ao resultado da eleição seja ao candidato votado. Tanto as condições apostas ao voto antes da eleição como o voto condicional ("Voto em tal candidato, contanto que ele faça – ou não faça – tal coisa") consideram-se como não colocados e, portanto, inválidos. Todavia, boa parte da doutrina canônica considera absoluto o voto cuja condição recaia sobre os requisitos do direito para tal candidato (por exemplo, "Voto em fulano, se ele for idôneo"). Na prática, essa colocação é uma redundância jurídica.

– *Determinado*, de modo concreto e unívoco, não alternativo quanto ao desejo do eleitor e quanto ao candidato. O voto

---

[154] Cf. cânn. 164-179.

indeterminado quanto ao candidato ("voto em qualquer um que reúna tais características"), o voto alternativo ("voto em fulano ou em sicrano") ou o voto indefinido quanto à vontade do eleitor ("Quereria votar em fulano") são inválidos.

– Livre, sem coação por fraude, suborno, força, pressão ou qualquer forma de intimidação. O voto praticado de modo devido no que se refere aos seus elementos externos presume-se válido[155]. Mas se ele foi motivado por violência ou coação, física ou moral, infligida externamente à pessoa, e à qual esta de modo algum pode resistir, é nulo[156]; também é inválido o voto de quem foi induzido direta ou indiretamente, por dolo ou medo grave, a eleger determinada pessoa[157]. Igualmente, a eleição cuja liberdade tiver sido de qualquer modo realmente impedida, é *ipso iure* inválida[158].

– *Único para cada eleitor*. A chamada personalidade do direito de sufrágio, que postula o princípio *uma pessoa, um voto*, proíbe uma pessoa sufragar mais de uma vez, ainda que por vários títulos[159]. Por exemplo: um sacerdote membro de um Instituto de Vida Consagrada que, ao mesmo tempo, resida na diocese e em favor dela exerça um ofício e ainda seja incardinado na mesma só poderia votar uma vez.

b) *O conteúdo da cédula* – Se houver postulação, o voto se exprime pela palavra *postulo* ou equivalente; para eleição, se não existe impedimento, usa-se a fórmula *elejo ou postulo* ou outra equivalente[160]. Em dioceses com grande número de sacerdotes

---

[155] Cf. cân. 124 § 2.
[156] Cf. cân. 125 § 1.
[157] Cf. cân. 172 § 1, 1º.
[158] Cf. cân. 169.
[159] Cf. cân. 168.
[160] Cf. cân. 181 § 2.

eleitores, o uso do voto eletrônico pode tornar o processo eleitoral mais rápido.

c) *Casos especiais* – Por razões de férias, estudos, trabalho, saúde etc., alguns eleitores podem encontrar-se impossibilitados de sufragar no dia e no lugar determinados na convocação. Os Estatutos do Conselho Presbiteral, contemplando estes casos, podem permitir o voto por carta, fax, correio eletrônico, telegrama, videoconferência etc. Pelas mesmas razões, podem também legitimar o voto por procuração[161]. Neste último caso, alguém delegado de um ou mais eleitores distintos poderá sufragar tantas vezes quantos sacerdotes represente, mais seu próprio voto. A prova da delegação, que deve ser inequívoca, feita com as devidas formalidades e com os requisitos necessários[162], para ter valor jurídico, há de ser apresentada ao presidente da eleição ou aos escrutinadores. Tal circunstância não seria contrária ao princípio *uma pessoa, um voto*, pois o voto por procuração não é emitido em nome próprio, mas em nome do delegante. O procurador deve ser necessariamente sacerdote? A resposta depende do que é disposto nos Estatutos.

d) *Providências para a realização da eleição*:

d.1) Indicação, entre os sacerdotes presentes, de dois ou mais *escrutinadores*. Seu papel é recolher os votos e conferir, diante do presidente da eleição, se o número de cédulas corresponde ao número de eleitores; devem também apurar os votos, examinar se cada um deles atende às condições legais (certo, absoluto, determinado…), proclamar quantos votos cada um recebeu e verificar se os eleitos são aptos para o ofício e idôneos para desempenhá-

---

[161] Cf. cân. 167 § 1.
[162] Cf. cân. 124 § 1.

lo. Caso se constate um número de votos superior ao número de eleitores, devem eles declarar nulo o escrutínio[163].

d.2) Designação de um *notário*, cuja tarefa é redigir cuidadosamente as atas da eleição. O conteúdo das atas não pode prescindir do dia, mês, ano e local da eleição, nome de quem assumiu a presidência, nomes dos escrutinadores e do notário, quantidade dos presentes e dos ausentes, sistema eleitoral utilizado, número de votos obtidos por cada candidato, número de escrutínios e seus resultados. As atas devem ser assinadas pelo notário, juntamente com o Bispo e os escrutinadores, e diligentemente guardadas no arquivo do Conselho Presbiteral[164].

d.3) A certificação da existência do *quorum funcional* (número mínimo de eleitores presentes), conforme os Estatutos, e a ciência de que todos os presentes que irão votar têm direito de voz ativa. Essa providência, que pode ser feita pelo presidente, é de grande importância, pois o voto de quem não tem tal direito invalida a eleição[165].

e) *Número de vagas* – O Código não determina o número preciso de sacerdotes a serem escolhidos por sufrágio, mas diz que *aproximadamente a metade* dos membros *seja eleita livremente* (cân. 497, 1º). Os Estatutos determinarão a quantidade exata de vagas, que não deveria, a meu ver, distanciar-se muito da metade, nem para mais nem para menos.

f) *Número de escrutínios* – Varia muito de diocese para diocese o número de escrutínios. Ele depende da quantidade de votos que os Estatutos estabelecem para que cada candidato seja eleito. Quase nunca se exige a *unanimidade* dos eleitores. O acordo de

---

[163] Cf. cân. 173 §§ 1-3.
[164] Cf. cân. 173 § 4.
[165] Cf. cân. 169.

todos para eleger cada um dos candidatos, ideal em teoria, é inviável na prática, pois, além de não ser compatível com a grande diversidade de pensamentos que existe entre os sacerdotes, exigiria um grande número de escrutínios, o que tornaria fastidiosa e muito prolongada a eleição. Os estatutos podem exigir ainda: a *maioria qualificada*, que requer para a eleição um número superior a mais da metade (dois terços, por exemplo), e a *maioria absoluta* (mais da metade). A referência majoritária, nos três casos, pode ser em relação aos votos emitidos, aos válidos (incluídos os votos em branco) ou aos que expressam, de fato, uma preferência (excluídos, então, os votos em branco, as abstenções e os nulos). Quando se exige maioria qualificada ou maioria absoluta o número de escrutínios é maior e a eleição só se encerra quando os candidatos obtêm o número exigido dos votos para a eleição. Os estatutos de muitas dioceses, ao invés, optam pela *maioria simples* ou *relativa*: os mais votados ganham. Grande vantagem desta última alternativa é a celeridade da eleição, que necessita de apenas um escrutínio.

g) *A eleição por compromisso* – Um sistema extraordinário de sufrágio é a votação por compromisso, que ocorre quando alguns ou todos os sacerdotes que têm direito de voz ativa transferem essa prerrogativa, com consenso unânime e escrito, a um ou mais compromissários, para que votem em nome de todos. Salvo determinação dos Estatutos, os compromissários para a eleição do Conselho Presbiteral *devem ser ordenados "in sacris"* (sacerdotes e Diáconos); *do contrário, a eleição é inválida* (cân. 174 § 2). Se se tratar de apenas um compromissário que represente todos os eleitores, a eleição não será por votação, já que a manifestação de sua vontade será expressão da vontade dos outorgantes. O compromisso – que pode ser absoluto, quando não coloca condições para o compromissário; e condicionado, quando cláusulas reguladoras não contrárias ao direito são postas no ato do compromisso – cessa (e o direito de votar volta aos compromitentes) em três situações: por revogação feita pelos compromitentes, *re integra*, ou seja, contanto que o(s) compromissário(s) não tenha(m) ainda iniciado a execução do mandato recebido; quando alguma condição aposta ao compromisso não é cumprida; quando termina a eleição, se esta tiver sido nula[166].

h) *Postulação* – Os Estatutos podem prever ainda um tipo especial de eleição: a postulação, que é a escolha de um candidato considerado apto e preferido pelos demais sacerdotes, mas que tenha algum impedimento canônico que não permite o desempenho lícito ou válido do ofício de conselheiro, cuja dispensa pode e costuma ser concedida pela autoridade competente. Para que a postulação tenha valor, requerem-se pelo menos dois terços dos votos, cujas cédulas devem se exprimir pela palavra: *postulo* ou equivalente. Caso o candidato postulado obtenha os votos necessários para a eleição, a postulação, quando requer confirmação (é o caso da eleição dos membros do Conselho Presbiteral), é apresentada ao Bispo diocesano a quem cabe confirmar a eleição. Se ele for competente para conceder a dispensa, poderá concedê-la ou não e confirmar os eleitos. Se não tiver competência para fazê-lo, pedirá à autoridade competente. A recusa da autoridade competente em conceder a dispensa não lesa nenhum direito. Sendo uma espécie de eleição, a postulação observa as regras da eleição, exceto o que supõe a idoneidade de quem será eleito e o quorum funcional, que, para a validade, é de pelo menos dois terços dos votos[167].

i) *A apuração e a proclamação dos eleitos* – A não ser que determinem contrariamente os Estatutos, é considerado eleito e deve

---

[166] Cf. cân. 175.
[167] Cf. cânn. 180-183.

ser proclamado pelo presidente da eleição quem obteve o número de votos requerido[168]. Estando presentes, os eleitos devem manifestar ao presidente da eleição se aceitam ou não a eleição. Podem, ainda, usar do direito de responder afirmativa ou negativamente dentro de oito dias úteis. Para os eleitos ausentes, esse tempo começa a partir do momento em que eles recebem a comunicação do resultado da eleição. Se esse procedimento não for cumprido, a eleição fica sem efeito[169]. No caso de recusa, o eleito perde todo o direito adquirido pela eleição; direito esse que não revive mediante a aceitação subseqüente. Ele, porém, pode ser novamente eleito. O Conselho deve proceder a nova eleição para a(s) vaga(s) do(s) que não aceitar(em) dentro de um mês após conhecida a não-aceitação[170]. Ao aceitar a eleição, o eleito obtém imediatamente o direito de exercer o ofício, mas este só pode ser exercido com o decreto episcopal que declara formalmente constituído o Conselho Presbiteral. A eleição colativa legitimamente aceita dispensa a formalidade da provisão canônica ao membro do Conselho Presbiteral.

j) *Outras formalidades* – O direito particular da diocese ou os Estatutos do Conselho podem acrescentar outras formalidades não essenciais a serem cumpridas após a aceitação dos eleitos: publicação do resultado da eleição, recitação do *Te Deum*, Missa em Ação de Graças etc.

3.2.2. *Os membros natos* – Prevê o cân. 497, 2º, que alguns sacerdotes, de acordo com os estatutos, devem ser membros natos do Conselho Presbiteral, ou seja, pertencem ao Conselho em

---

[168] Cf. cân. 176.
[169] Cf. cân. 177 § 1.
[170] Cf. cân. 177 § 2.

razão do ofício a eles confiado. O elenco desses ofícios varia de acordo com a diocese e com os estatutos de cada Conselho. Todos os ofícios têm sua relevância na Igreja particular, mas alguns deles, segundo as atribuições a eles conferidas pelo Direito universal, se destacam pela enorme importância na estrutura pastoral diocesana; por isso, geralmente não costumam ser abstraídos desse elenco. São, por exemplo, o Vigário Geral, o Reitor do Seminário e o Vigário Judicial. Podem ser incluídos nessa lista, sobretudo se a diocese tem um Presbitério abundante e o número de membros do Conselho é grande, os Vigários Episcopais, o Chanceler da cúria, o Ecônomo, os Vigários Forâneos, o presidente do Cabido etc.

Mesmo não sendo escolhidos pelo Presbitério, os membros natos *ex officio* são verdadeiros e próprios representantes deste, com todos os direitos e deveres dos membros eleitos. Recorde-se ainda que os membros natos não têm voz passiva, isto é, não podem ser sufragados nas eleições. Mas podem e devem ter voz ativa.

Quanto ao número de membros natos, o contexto do inteiro cân. 497 supõe que a soma deles com os membros designados pelo Bispo seja aproximadamente a metade de todo o Conselho.

3.2.3. Os membros indicados pelo Bispo – Ao Bispo diocesano compete (*integrum est*) nomear livremente alguns membros do Conselho. Trata-se de uma provisão por livre colação, que exclui, por conseguinte, as outras formas de provisão: apresentação, eleição e postulação. Os critérios da escolha dos membros hão de versar exclusivamente sobre a representatividade do Presbitério. Caso as indicações sejam feitas antes da eleição, fica patente que os membros indicados pelo Bispo não podem ser sufragados. Mas podem e devem votar. Todavia, a experiência revela que, quase sempre, o Bispo deixa para indicar os membros após as eleições. Neste caso, não poderá indicar os membros natos nem os que foram eleitos.

Deve o Bispo diocesano sempre fazer uso desta prerrogativa? Não necessariamente! Por ser uma competência (*integrum est*), não um dever, o Bispo pode abrir mão de tal direito. Neste caso, os estatutos devem prever o número exato dos membros não eleitos.

4. O direito de voz ativa e passiva

Segundo a concepção de Santo Tomás de Aquino, um direito (objetivo) é uma realidade pertencente a uma pessoa e a ela devida por uma outra. Voz ativa é a capacidade de sufragar validamente em uma eleição. Voz passiva é a habilidade de ser sufragado validamente. Consideremos agora quem são os titulares desses direitos, quando esses se perdem, quando seu exercício fica proibido e como readquiri-los e legitimá-los.

4.1. *Os titulares* – No exame comparativo dos cân. 495-501, encontram-se os três requisitos para aqueles que podem participar da constituição do Conselho Presbiteral.

a) *Sacerdote* – A primeira condição para ser membro do Conselho é a ordenação sacerdotal, que é reservada somente a varões batizados, mediante a oração consecratória e a imposição das mãos do Bispo consagrado. Com efeito, o cân. 495 § 1 define o Conselho Presbiteral como um grupo de sacerdotes (*coetus sacerdotum*); o 497, 1º, por sua vez, determina que a eleição seja feita *pelos próprios sacerdotes*. Estão, portanto, excluídos do direito de voz ativa e passiva, *ipso iure*, os Diáconos e todos os fiéis não-ordenados.

Certa dificuldade se apresenta no caso dos Bispos auxiliares e coadjutores, que, com a ordenação episcopal, fazem parte do Colégio dos Bispos e não do Presbitério. Como poderiam, então, ter direito de voz ativa e passiva na constituição do Conselho Presbiteral, que representa o Presbitério, aqueles que não pertencem mais a ele? Refletindo o cân. 495 § 1, que fala de Conselho "Presbiteral" e diz que este é representante do "Presbitério", alguns consideram o texto desse cânon uma incoerência, pelos seguintes motivos: 1) não há sentido que Bispos auxiliares e coadjutores sejam membros do órgão que representa o Presbitério do qual eles não participam; 2) os Bispos coadjutores e auxiliares, que já participam institucionalmente do governo da diocese como ordinários locais[171], integram com o Bispo um único ofício no governo da diocese: é um contra-senso, portanto, o Bispo consultar a si mesmo; 3) já existe um órgão no qual, como vigários gerais ou episcopais, os Bispos auxiliares e coadjutores emitem o seu parecer ao Bispo: o Conselho Episcopal; 4) por causa dessas razões, o termo coetus sacerdotum deveria ser entendido no sentido restritivo, ou seja, reservado exclusivamente aos Presbíteros e não aos Bispos.

Há, todavia, sérias razões a favor da tese contrária. O primeiro argumento diz respeito ao termo sacerdote. Segundo o cân. 17, as leis "devem ser entendidas segundo o sentido próprio das palavras, considerado no texto e no contexto". O sentido próprio é o que se opõe ao sentido metafórico ou figurado. Ora, no Código a palavra *sacerdote* é entendida no sentido próprio e compreende tanto Presbíteros como Bispos[172]. A segunda consideração é

---

[171] O Bispo coadjutor deve ser constituído vigário geral (cf. cân. 406 § 1); o Bispo auxiliar munido de faculdades especiais (cf. cân. 403 § 2) deve ser constituído vigário geral (cf. cân. 406 § 1); os outros Bispos auxiliares devem ser constituídos vigários gerais e episcopais (cf. cân. 406 § 2).
[172] Cf. cânn. 233 § 2; 767 § 1; 900.

que os Bispos coadjutores e auxiliares receberam verdadeira e propriamente a Ordem do presbiterato que nunca abandonaram, apesar de terem recebido, com a ordenação episcopal, a plenitude do sacerdócio. Dessa forma, o termo "presbiteral", atribuído ao Conselho, não deve ser visto como absolutamente incompatível com "sacerdotal", uma vez que todo Presbítero é sacerdote e os Bispos continuam a ser detentores da Ordem presbiteral. A nomenclatura dos órgãos colegiais na Igreja tem uma referência ordinária a seus membros, mas não podem ser absolutizadas no sentido restritivo. Vejam-se dois exemplos: o Conselho "Episcopal" da diocese é constituído de vigários gerais e episcopais, que podem ser apenas Presbíteros, a Conferência Nacional dos Bispos do Brasil tem como membros os prelados das Abadias territoriais, que, normalmente, não são Bispos, e os que presidem a todas as Igrejas particulares no Brasil, inclusive as prelazias territoriais, que não exigem a Ordem episcopal para seu prelado[173]. E, finalmente, o argumento que alega já existir um órgão no qual, como vigários gerais ou episcopais, os Bispos auxiliares e coadjutores emitem seu parecer ao Bispo – o Conselho Episcopal –, e que por isso estes não deveriam participar do Conselho Presbiteral, claudica diante da constatação de que também é permitida uma participação simultânea e cumulativa dos próprios Presbíteros em vários órgãos colegiais na diocese, além do Conselho Presbiteral, como o Colégio dos Consultores, o Conselho de pastoral diocesano, o Cabido da Catedral e o Sínodo diocesano.

b) *Sacerdote secular incardinado na diocese* – Sacerdote secular é aquele que exerce seu ministério no século (do latim saeculum, com o sentido figurado de *mundo*). Secular opõe-se a regular,

---

[173] Cf. cân. 370.

aquele que observa uma regra (do latim, *regula*) religiosa. Estão incluídos nesta norma tanto os incardinados residentes como os não residentes. Incardinação é a incorporação definitiva e absoluta do clérigo à diocese, por força do direito ou da decisão da autoridade competente, que o torna automaticamente membro do clero da diocese e, com a ordenação presbiteral, de seu Presbitério, com uma série de direitos e deveres de incardinado. No momento em que é efetivada, a incardinação produz dois vínculos: um de natureza jurídica e outro de natureza espiritual. O vínculo jurídico é de natureza hierárquica e ministerial e se concretiza na comunhão e cooperação do Presbítero com a Ordem episcopal nas estruturas organizativas da diocese, acrescentando um importante elemento ao sacerdócio de Cristo: a estabilidade, com a qual os Presbíteros devem cuidar do bem da porção do povo de Deus que lhes é confiada. O vínculo espiritual decorre da relação com o Bispo no único Presbitério, do compartilhamento da solicitude eclesial, da dedicação ao cuidado evangélico do povo de Deus nas concretas condições históricas e ambientais. Numa palavra, pode-se dizer que a razão pela qual o sacerdote incardinado tem direito de voz ativa e passiva na constituição do Conselho Presbiteral é que ele pertence à diocese, é membro do seu Presbitério.

Apenas a incardinação, sem o exercício de algum ofício eclesiástico em favor da diocese e/ou com ausência prolongada considerável do convívio com o Bispo e o Presbitério é título suficiente para o Presbítero secular conservar o direito de voz ativa e passiva no Conselho Presbiteral? Há diferentes respostas a essa questão. Penso que nenhuma delas pode prescindir da consideração seguinte: a incardinação está ordenada naturalmente ao serviço e à comunhão de fato. São dois elementos essenciais na vida do Presbítero, que, como tais, nunca podem ser dissociados. O serviço na ou em favor da diocese tem sua determinação jurídica na assinalação do Presbítero à titularidade de um ofício, com os direitos e deveres correspondentes. A comunhão de fato comporta não apenas o compartilhamento da mesma fé, da mesma disciplina eclesiástica e dos mesmos sacramentos, mas também de laços de efetiva fraternidade, real colaboração e partilha de bens materiais e espirituais entre o Bispo e os Presbíteros, no cotidiano da vida do Presbítero. Faltando estes dois elementos (nunca um sem o outro), durante um tempo notável, pode-se ainda sustentar para o Presbítero o direito de votar e de ser votado na constituição do Conselho Presbiteral?

c) *Sacerdotes seculares não incardinados na diocese e sacerdotes membros de Instituto Religioso ou de Sociedade de Vida Apostólica que, residindo na diocese, exercem a seu favor algum ofício* – Mesmo não tendo o vínculo da incardinação na diocese, têm voz ativa e passiva os sacerdotes seculares e regulares que desempenham algum ofício a seu favor, contanto que nela residam. Estes dois critérios (o desempenho de um ofício e a residência) devem concorrer simultaneamente. A simples moradia na diocese, por si só, não origina qualquer relação com a pastoral orgânica da diocese nem torna o sacerdote automaticamente membro do Presbitério da diocese. Além da residência, exige-se o desempenho de um ofício eclesiástico, que é "qualquer encargo constituído estavelmente por disposição divina ou eclesiástica, a ser exercido para uma finalidade espiritual"[174], em favor da diocese.

Os membros de Institutos Religiosos (de direito pontifício, quando erigidos pela Sé Apostólica ou aprovados por um seu decreto formal; ou de direito diocesano, quando erigidos pelo

---

[174] Cân. 145 § 1.

Bispo diocesano e ainda não obtiveram da Sé Apostólica o decreto de aprovação) são os que pertencem a uma sociedade cujos membros fazem votos públicos perpétuos ou temporários e levam vida fraterna em comum. Estão divididos em três grandes categorias: Ordens, Congregações religiosas clericais e Congregações religiosas laicais. *As Ordens* são sociedades erigidas pela competente autoridade eclesiástica, nas quais os membros, mesmo não sendo monges, emitem uma profissão que é equiparada à profissão monástica. São membros de Ordens religiosas os cônegos regulares (premonstratenses, irmãos da cruz, teutônicos etc.), os monges (beneditinos, camaldolenses, cistercienses etc.) os mendicantes (dominicanos, franciscanos menores, conventuais e capuchinhos, agostinianos, carmelitas etc.) e os clérigos regulares (jesuítas, camilianos, barnabitas etc.). As *Congregações religiosas clericais* são institutos que, em razão do fim, ou objetivo pretendido pelo fundador ou em virtude de legítima tradição, estão sob a direção de clérigos, assumem o exercício de Ordem sagrada e são reconhecidas como tais pela autoridade da Igreja. São Congregações religiosas clericais os passsionistas, redentoristas, maristas, claretianos, salesianos, dehonianos etc. As *Congregações religiosas laicais*, mesmo não incluindo o exercício de Ordem sagrada como sua característica essencial, podem ter membros sacerdotes. É o caso dos concepcionistas, doloristas, cotolengos, irmãos de Foucauld etc. Os membros de uma *Sociedade de Vida Apostólica* têm vida fraterna em comum, mas sem a profissão dos votos religiosos (algumas sociedades, porém, assumem os conselhos evangélicos por meio de algum vínculo). São, por exemplo, os lazaristas, oratorianos, palotinos etc. A norma não contempla, portanto, os membros dos Institutos Seculares, como os padres de Schöenstatt e os sacerdotes do Sagrado Coração.

Conforme o segundo parágrafo do cân. 498, se determinarem os Estatutos do Conselho, pode-se dar voz ativa e passiva a outros sacerdotes que têm domicílio ou quase domicílio na diocese. É o caso dos Bispos eméritos, dos membros dos Institutos Seculares e dos sacerdotes seculares e regulares não incardinados e residentes, mas que, por razão legítima, não exercem ofício eclesiástico a favor da diocese.

4.2. Perda do direito de voz ativa e passiva – O sacerdote perde o direito de votar e ser votado nas eleições para a constituição do Conselho em três situações: quando é demitido do estado clerical, quando lhe é infligida ou declarada uma pena expiatória, quando é incapaz de realizar ato humano.

a) *Perda do estado clerical* – O clérigo que perde o estado clerical, de acordo com o direito, com ele perde os direitos próprios do estado clerical e, por isso mesmo, fica privado de todos os ofícios, encargos e de qualquer poder delegado[175]. A perda do estado clerical ocorre:

a.1) Por sentença judicial ou decreto administrativo que declara a nulidade da ordenação[176]. Mediante a emissão da sentença ou do decreto da instância competente, a Congregação para o Culto Divino e a Disciplina dos Sacramentos, declara-se que o batizado nunca foi ordenado validamente.

a.2) Por pena de demissão (expulsão) legitimamente imposta[177]. A perda do estado clerical pode ser também uma pena canônica, infligida pelo Bispo diocesano (ou por outra autoridade competente) quando o sacerdote comete os seguintes delitos:

---

[175] Cf. cân. 292.
[176] Cf. cân. 290, 1º.
[177] Cf. cân. 290, 2º.

apostasia (repúdio total da fé cristã), heresia (negação pertinaz, depois de recebido o batismo, de qualquer verdade que se deva crer com fé divina e católica, ou a dúvida pertinaz a respeito dela) e cisma (recusa de sujeição ao Sumo Pontífice ou de comunhão com os membros da Igreja a ele sujeitos), com prolongada contumácia ou escândalo grave[178]; arremesso das espécies consagradas, bem como sua subtração ou conservação para fim sacrílego[179]; uso de violência física contra o Romano Pontífice[180]; solicitação do penitente, no ato da confissão, por ocasião de confissão ou com pretexto de confissão, para um pecado contra o sexto mandamento do Decálogo[181]; tentativa de matrimônio, mesmo só civilmente, e persistência no escândalo, após admoestação[182]; concubinato e persistência com escândalo em outros pecados externos contra o sexto mandamento do Decálogo, depois de advertências[183].

a.3) Por rescrito da Sé Apostólica, motivado por razões gravíssimas[184].

b) *Pena Expiatória* – Com a finalidade de punir algum delito, reparar a ordem e a disciplina eclesial, turbadas pela violação da lei ou de um preceito penal, o Bispo diocesano pode privar o sacerdote, perpetuamente, por tempo preestabelecido ou por tempo indeterminado, do direito de votar e ser votado na eleição de constituição do Conselho Presbiteral. Com efeito, uma das penas expiatórias previstas no Código é a seguinte: "Privação de um

---

[178] Cf. cân. 1364 § 2.
[179] Cf. cân. 1367.
[180] Cf. cân. 1370 § 1.
[181] Cf. cân. 1387.
[182] Cf. cân. 1394 § 1.
[183] Cf. cân. 1395.
[184] Cf. cân. 290, 3º.

poder, ofício, encargo, direito, privilégio, faculdade, graça, título ou insígnia, mesmo meramente honorífica"[185].

c) Incapacidade de realizar um ato humano – Impossibilitado de realizar um ato livre, consciente e voluntário, o sacerdote, automaticamente, é privado do direito de votar[186]. Ainda que o Código não exclua do sacerdote que se encontra em tal situação o direito de voz passiva, na prática isso ocorre, uma vez que, eleito, não poderia desempenhar nenhuma função no Conselho Presbiteral.

Mas o que aconteceria se um sacerdote privado, por um dos motivos acima expostos, do direito de voz ativa e passiva fosse admitido na eleição? Quanto ao direito de voz ativa, seu voto seria nulo, mas a eleição seria válida, salvo se constasse que, excluído seu voto, o eleito não tivesse obtido o número exigido de votos[187]. Quanto ao direito de voz passiva, uma vez eleito, sua aceitação e exercício do ofício não teriam, por completo, eficácia jurídica.

4.3. Proibição do exercício do direito de voz ativa e passiva – Não privação do direito de votar e ser votado nas eleições para a constituição do Conselho Presbiteral, mas proibição de exercer tal prerrogativa é uma das conseqüências de algumas penas eclesiásticas e outras punições aplicadas ao sacerdote pelo direito ou pela autoridade competente. As penas, que podem ser automáti-

---

[185] Cân. 1336 § 1, 2º. O cân. 1338 § 1 afirma: "As privações e proibições mencionadas no cân. 1336 § 1, nn. 2 e 3, nunca atingem os poderes, ofícios, encargos, direitos, privilégios, faculdades, graças, títulos e insígnias que não estejam sob o poder do Superior que impõe pena". Não é o caso do direito de voz ativa e passiva na eleição do Conselho Presbiteral, que, conforme o cân. 498 § 1, está associado a três condições jurídicas sob o poder do Bispo diocesano: a incardinação, o exercício de um ofício a favor da diocese e os Estatutos do Conselho Presbiteral.
[186] Cf. cân. 171 § 1, 1º.
[187] Cf. cân. 171 § 2.

cas ou *latae sententiae* – quando nelas se incorre pelo simples fato de praticar o delito – e *ferendae sententiae* – quando atingem o réu só depois de infligidas –, e as punições que proíbem o sacerdote de exercer o direito de votar e ser votado são as censuras de excomunhão e de suspensão.

A) *Excomunhão* – O CIC/1917 definia a excomunhão como uma censura mediante a qual uma pessoa é excluída da comunhão dos fiéis, com os efeitos determinados pelos cânones[188]. Segundo o Código atual, um dos efeitos da excomunhão é a proibição de exercer quaisquer ofícios, ministérios ou *encargos eclesiásticos* ou praticar atos de regime[189]. Um desses encargos eclesiásticos é, precisamente, o direito de voz ativa e passiva na constituição do Conselho. O direito universal dispõe que incorre na pena de excomunhão automática (*latae sententiae*) quem pratica os seguintes delitos: apostasia, heresia e cisma[190]; arremesso das espécies consagradas, além de sua subtração ou conservação para fim sacrílego[191]; uso de violência física contra o Romano Pontífice[192]; tentativa de absolvição do cúmplice em pecado contra o sexto mandamento do Decálogo, exceto em perigo de morte[193]; violação direta do sigilo sacramental[194]; aborto seguido do efeito[195].

A pena de excomunhão *ferendae sententiae*, por sua vez, pode ser infligida ao sacerdote que comete os seguintes delitos: atentado de absolvição sacramental sem poder para tal[196]; violação do segredo sacramental, não na qualidade de confessor[197]; recurso ao

---

[188] Cf. cân. 2257 § 1*.
[189] Cf. cân. 1331 § 1, 3º.
[190] Cf. cân. 1364 § 1.
[191] Cf. cân. 1367.
[192] Cf. cân. 1370 § 1.
[193] Cf. cân. 1378 § 1.
[194] Cf. cân. 1388 § 1.
[195] Cf. cân. 1398.
[196] Cf. cân. 1378 § 3.

Concílio Ecumênico ou ao Colégio dos Bispos contra um ato do Romano Pontífice[198]; lucro ilegítimo de espórtulas de missas[199]; falsas denúncias ao superior ou grave lesão da boa fama alheia[200]. Outros delitos considerados pelo juiz ou Superior como sendo de particular gravidade, observadas as prescrições do direito[201], podem ser punidos também com a excomunhão.

B) *Suspensão* – A suspensão é uma censura que proíbe ao clérigo o exercício de todos ou alguns atos do poder de ordem (*suspensio a sacris ordinibus*), todos ou alguns atos do poder de regime (*suspensio a iurisdictione*) e todos ou alguns direitos ou funções inerentes ao ofício (*suspensio ab officio*). A suspensão automática, que compreende a suspensão de ordem, jurisdição e ofício, chamada suspensão *total*, e que, portanto, torna proibida a participação na eleição do Conselho Presbiteral, é aplicada ao sacerdote que comete os seguintes delitos: violência física contra uma pessoa revestida de caráter episcopal ou seu assassínio[202]; atentado de absolvição sacramental sem poder para tal[203]; falsa denúncia de um confessor ao Superior eclesiástico de delito de solicitação[204]; atentado de matrimônio, mesmo só civilmente[205].

A suspensão *ferendae sententiae*, que deve ser aplicada pelo superior ao sacerdote que comete os delitos de celebração ou re-

---

[197] Cf. cân. 1388 § 2.
[198] Cf. cân. 1372.
[199] Cf. cân. 1385.
[200] Cf. cân. 1390 § 2.
[201] Cf. cânn. 1341-1353.
[202] Cf. cânn. 1370 § 2; 1397.
[203] Cf. cân. 1378 § 2, 2º.
[204] Cf. cân. 1390 § 1.
[205] Cf. cân. 1394 § 1.

cepção simoníaca de um sacramento[206], solicitação[207] ou concubinato e outras violações do sexto mandamento[208], pode proibir o exercício do direito do sacerdote à voz ativa e passiva na eleição do Conselho, se isto for definido por lei ou preceito penal, ou ainda por sentença ou decreto com o qual é infligida a pena.

Outros delitos cometidos pelo sacerdote podem ser punidos com a censura de suspensão, segundo a gravidade do reato e a discrição do superior competente[209].

O que aconteceria se um sacerdote proibido de exercer o direito de voz ativa e passiva, por um dos motivos acima expostos, fosse admitido na eleição? Quanto ao direito de voz ativa, seu voto seria inválido estando excomungado por sentença judicial ou por decreto[210]. Já atingido por censura de excomunhão automática ou suspensão, seja automática ou *ferendae sententiae*, salvo determinação contrária dos Estatutos, o voto seria ilícito mas válido. Quanto ao direito de voz passiva, se o sacerdote estiver punido com a censura de excomunhão imposta ou declarada, é inválida a eleição do excomungado[211]. A eleição do sacerdote excomungado automaticamente ou atingido por suspensão automática ou *ferendae sententiae*, a não ser que os Estatutos estabeleçam o contrário, é válida, mas o legítimo exercício do ofício só ocorreria com o desaparecimento da causa proibitiva.

O sacerdote punido apenas com a censura de interdição não está proibido de votar e ser votado na eleição constitutiva do conselho presbiteral, já que, segundo o cân. 1332, o inter-

---

[206] Cf. cân. 1380.
[207] Cf. cân. 1387.
[208] Cf. cân. 1395 § 1.
[209] Cf. cânn. 1372; 1385; 1390 § 2.
[210] Cf. cân. 171 § 1, 3º.
[211] Cf. cânn. 1331 § 2, 4º.

dito veta somente a participação ministerial na celebração do sacrifício da Eucaristia ou em quaisquer outras cerimônias de culto, a celebração dos sacramentos ou sacramentais e a recepção dos sacramentos; além disso, seu afastamento de qualquer cerimônia de culto público ou a suspensão da ação litúrgica, a não ser por causa grave, quando a interdição é imposta ou declarada.

4.4. *Reaquisição ou legitimação do exercício do direito de voz ativa e passiva* – Mesmo privado do direito de voz ativa e passiva ou proibido de exercê-lo, o sacerdote pode readquirir ou ter legitimada novamente esta prerrogativa. No caso da perda do estado clerical por sentença judicial ou decreto administrativo que declara a nulidade da ordenação, jamais pode-se adquirir o direito de voz ativa e passiva na constituição do Conselho Presbiteral, senão pela válida ordenação sacerdotal. Nos demais casos de perda do estado clerical, a saber, por pena de demissão legitimamente imposta por sentença ou pena ou por rescrito da Sé Apostólica, o sacerdote só pode readquirir o direito de votar e ser votado mediante concessão da Santa Sé: "O clérigo que perdeu o estado clerical não pode ser novamente adscrito entre os clérigos, a não ser por rescrito da Sé Apostólica"[212].

O sacerdote punido com a pena expiatória de privação do direito de votar e ser votado readquire essa capacidade pelo decurso do tempo, se expirou o tempo preestabelecido na lei ou no preceito penal, ou pela remissão ou perdão da parte da competente autoridade.

---

[212] Cân. 293.

Atingido pela censura de excomunhão reservada à Sé Apostólica[213], somente com um rescrito de graça da mesma Sé Apostólica a proibição do direito de voz ativa e passiva do sacerdote pode ser cancelada.

Punido por censuras não reservadas à Sé Apostólica, como são os casos da excomunhão automática[214], da excomunhão *ferendae sententiae*[215], da suspensão automática e da suspensão *ferendae sententiae*, a proibição cessa por remissão da competente autoridade, por ab-rogação da lei penal e também, apenas nas censuras *ferendae sententiae*, por execução completa da pena ou decurso do tempo.

5. A representatividade do Presbitério

Estabelece o cân. 499 que o modo de eleger os membros do Conselho Presbiteral deve ser determinado pelos Estatutos; mas acrescenta que "sejam representados, enquanto possível, os sacerdotes do Presbitério, levando-se em conta principalmente os diversos ministérios e as várias regiões da diocese". Os diversos ministérios desempenhados pelos sacerdotes são, entre outros, os de pároco, vigário paroquial, capelão, cônego, professor do seminá-

---

[213] São quatro as excomunhões reservadas à Santa Sé, em que podem incorrer os sacerdotes: profanação da Sagrada Eucaristia (cf. cân. 1367), violência física contra o Romano Pontífice ou seu assassinato (cf. cânn. 1370 § 1; 1397), absolvição de cúmplice no pecado contra o sexto mandamento (cf. cân. 1378 § 1) e violação direta do sigilo sacramental da parte do confessor (cf. cân. 1388 § 1).

[214] Para os delitos de apostasia, heresia, cisma e aborto seguido do seu efeito (cf. cânn. 1364 § 1; 1378 § 3).

[215] Obrigatória para os delitos de atentado de absolvição sacramental sem poder para tal (cf. cân. 1378 § 3); violação do segredo sacramental, não na qualidade de confessor (cf. cân. 1388 § 2); e possível para os delitos de recurso ao Concílio Ecumênico ou ao Colégio dos Bispos contra um ato do Romano Pontífice (cf. cân. 1372); lucro ilegítimo de espórtulas de missas (cf. cân. 1385); falsas denúncias ao superior ou grave lesão da boa fama alheia (cf. cân. 1390 § 2).

rio, coordenador de pastoral, assistente espiritual de um movimento eclesial ou grupo de fiéis, professor de religião etc. As *várias regiões da diocese* tanto podem ser divididas pela geografia como, o que é mais comum, pelas zonas, setores ou vicariatos pastorais. Para determinar a representatividade numérica, os Estatutos podem dividir em categorias os ministérios (por exemplo, párocos – cooperadores – outros sacerdotes; ou ainda ofícios plenamente curados – ofícios curados – ofícios não curados) e as diferentes áreas pastorais. A indubitável vantagem de dividir os ministérios e as zonas pastorais da diocese é garantir maior representatividade dos diversos ofícios e realidades pastorais da Igreja particular; a desvantagem de qualquer divisão por ministérios ou setores de pastoral é o risco de excluir do Conselho Presbiteral sacerdotes competentes para tal ofício. Em virtude disto, quase todas as dioceses no Brasil têm preferido como procedimento a eleição genérica: todos os sacerdotes exercem o direito de voz passiva na eleição do Conselho Presbiteral, exceto os que são membros natos.

6. Direitos e deveres do Conselho e dos Conselheiros

Ao contrário das Igrejas particulares legitimamente erigidas, províncias eclesiásticas, Conferências Episcopais, seminários, paróquias, Institutos religiosos, com suas províncias e casas e sociedades de vida apostólica, entre outros, o Conselho Presbiteral não goza de personalidade jurídica *ipso iure*. Portanto, só será sujeito de direitos e deveres, ou seja, pessoa jurídica eclesiástica (pública ou privada), se o Bispo diocesano assim quiser, mediante um decreto especial. Caso isso ocorra, podem ser elencados os seguintes direitos do Conselho, considerado integralmente: direito de ser convocado de acordo com os estatutos; direito de ser ouvido; direito de expressar a própria opinião sobre as "questões de maior importância" da diocese, determinadas no direito universal e no particular; direito de desempenhar seu encargo durante o tempo previsto pelo direito (universal ou particular). Suas obrigações são basicamente duas: o dever de exercer a representatividade, que traz consigo o comprometimento de prestar contas de sua atuação aos seus representados; o dever de observar os estatutos e regulamentos, com o escopo de não ultrapassar a própria competência.

Os direitos de cada conselheiro, individualmente considerado, são: direito de participar das sessões; direito de apresentar propostas sobre assuntos na pauta das reuniões; direito de apresentar interpelações por escrito; direito de ressarcimento por eventuais gastos e trabalho realizado. Quantos aos deveres, são apenas dois: dever de participação pessoal nas reuniões, segundo os estatutos e regulamentos; dever de justificar, no modo devido, as suas ausências.

3
A pauta das reuniões:
As "questões de maior importância"

O cân. 500 § 2 estabelece que o Bispo diocesano deve ouvir o Conselho Presbiteral *nas questões de maior importância*. Qual o significado desta expressão genérica? Não é fácil responder com exatidão a esta pergunta. Todavia, há pistas no Magistério supremo da Igreja, além do Código de Direito Canônico, que nos permitem descobrir quais são as questões de máximo relevo objetivo que o Bispo não deve deixar de submeter à apreciação do Conselho Presbiteral para sentir o seu parecer. Estas questões podem ser divididas em duas grandes categorias: as questões não preceptivas e as preceptivas (pelo direito universal).

1. As questões não preceptivas

O cân. 495 § 1 ensina que é competência do Conselho Presbiteral ajudar o Bispo no *governo da diocese*, a fim de se promover ao máximo o *bem pastoral* da porção do povo de Deus que lhe foi confiada. Além disso, a legislação complementar ao cân. 496, da CNBB, dispõe que o Conselho se reúne *para tratar dos assuntos que interessam ao governo da diocese e ao bem pastoral do Povo de Deus*. Pois bem, quais poderiam ser as questões de importância relacionadas ao *governo da diocese* e ao *bem pastoral* do povo de Deus? Há um número quase ilimitado delas, como veremos! O qualificativo de "maior", que não pode ser dado *a priori*, cada uma assumirá em função da situação política, social, econômica e pastoral de cada diocese, *hic et nunc*, bem como da valorização que o Bispo e seus conselheiros atribuirão às mesmas.

1.1. *As questões referentes ao governo da diocese* – O Bispo diocesano governa a diocese enquanto é o seu dirigente, guia, regente, comandante. Duas são as modalidades de governo do Bispo: as não estritamente jurídicas e as jurídicas. É o que se depreende da afirmação do Concílio Vaticano II: "Como vigários e legados de Cristo, os Bispos governam as Igrejas particulares que lhes foram confiadas com conselhos, exortações e exemplos, mas também com autoridade e com sacro poder"[216].

a) *Conselhos, exortações e exemplos* – Sinais da autêntica paternidade espiritual e da solicitude pastoral, os meios não estritamente jurídicos (conselhos, exortações e exemplos) nunca podem ser preteridos e, ordinariamente, sempre devem preceder os mecanismos legais. Aconselhar, exortar e dar exemplo são atitudes que o Bispo deve manifestar a todos os que, com ele, fazem parte de sua Igreja particular: os Presbíteros, os religiosos e os leigos.

a.1) *Aos Presbíteros* – O Diretório dos Bispos indica como o Pastor da Diocese deve tratar os seus colaboradores necessários, com palavras eloqüentes:

"Para com os seus Presbíteros, o Bispo, mais que como superior e juiz, comporta-se como mestre, como pai, como amigo e irmão, pronto à benevolência, à misericórdia, à compreensão, ao perdão, à ajuda. Esforça-se para levá-los à mútua amizade e à recíproca confiança, de modo, porém, que não seja comprometi-

---

[216] LG 27.

do o vínculo da legítima obediência, mas antes de tudo seja reforçado pela caridade do pastor, e assim a obediência mesma se torne mais prazerosa, mais sincera, mais firme"[217].

Como negar que seja "questão de maior importância" a vida dos Presbíteros com tudo o que ela comporta: dores e alegrias, frustrações e conquistas, aflições e vitórias, solidão, cansaço mental e físico, anseios de crescimento e aprofundamento na compreensão dos necessitados, no acolhimento dos seus pedidos e exigências, na partilha de suas esperanças e expectativas, alegrias e fadigas, no conhecimento e participação da experiência humana, da dor, na multiplicidade de suas manifestações (indigência, doença, marginalização, ignorância, solidão, pobreza material e moral etc.)?

Uma vez que os Presbíteros devem ser, antes de tudo, homens autênticos, é "questão da maior importância" sua *formação humana*, que lhes possibilite uma bagagem de virtudes humanas que os torne dignos da estima de seus irmãos, mediante a prática da bondade do coração, da paciência, da amabilidade, da força de alma, do amor pela justiça, do equilíbrio, da fidelidade à palavra dada, da coerência com os compromissos assumidos etc.[218].

A *formação espiritual* dos Presbíteros é outra "questão da maior importância", já que chamados à perfeição pelos sacramentos do Batismo, da Crisma e da Ordem, e enquanto

---

[217] EI 107.
[218] São Policarpo, Bispo de Esmirna, descreve com eloqüentes palavras esta «questão da maior importância» numa Igreja particular: "Os Presbíteros sejam propensos à compaixão, misericordiosos para com todos, reconduzindo os que erram, visitando os enfermos todos, não deixando de lado a viúva, o órfão e o pobre. Sempre solícitos pelo bem diante de Deus e dos homens, guardando-se de toda ira, acepção de pessoas, juízo injusto, afastando-se para longe de toda avareza, não acreditando facilmente no que dizem contra alguém, não se mostrando severos demais no julgamento, sabendo que somos todos devedores do pecado" (Epístola aos Filipenses, 6, 1).

dispensadores dos mistérios de Deus a serviço de seu povo, sentem necessidade de uma constante e renovada formação na arte da santidade. É "questão prioritária" que os Presbíteros aprofundem os aspectos principais da existência sacerdotal, tendo acesso, em particular, ao ensinamento bíblico, patrístico e hagiográfico, no qual continuamente se atualizem, não só mediante a leitura de bons livros, mas também participando de cursos de estudo, congressos, conferências etc., e até de sessões particulares dedicadas ao cuidado da celebração dos sacramentos, como também ao estudo de questões de espiritualidade, quais sejam as virtudes cristãs e humanas, o modo de rezar, a relação entre vida espiritual e o ministério litúrgico, pastoral etc. São "questões importantíssimas" para a Igreja inteira que o clero seja constantemente exercitado na meditação diária da Palavra ou de um mistério da fé; no quotidiano encontro pessoal com Jesus na Eucaristia e na devota celebração da santa Missa; na devoção mariana (rosário, consagração ou entrega, íntimo colóquio); no momento formativo doutrinal e hagiográfico; no necessário repouso; no renovado empenho de colocar em prática as orientações do próprio Bispo e de vigiar sobre sua própria e convicta adesão ao Magistério e à disciplina eclesiástica; no zelo pela comunhão e pela amizade sacerdotal; na recitação da Liturgia das Horas, no exame de consciência, na confissão freqüente, na direção espiritual, nos exercícios espirituais.

Outra "questão da maior importância" é a *formação intelectual* dos Presbíteros, pois eles, em virtude de sua identidade de profetas e de pastores, devem possuir uma capacidade interior de seguir o passo renovador do Espírito na Igreja, para compreender sempre mais em profundidade o mistério de Cristo, mas também para evitar acolher com superficialidade vãs novidades e pseudociências. É prioridade, na Igreja, "aperfeiçoar, de maneira adequada e ininterrupta, seus conhecimentos divinos e humanos e a preparar-se assim para iniciarem com mais vantagem o diálogo com os homens de hoje"[219]. É questão crucial que eles "sigam a sólida doutrina fundada nas Escrituras, transmitida pelos antepassados e comumente aceita pela Igreja, conforme fixada principalmente nos documentos dos Concílios e dos Romanos Pontífices"[220], no estudo dos Santos Padres, Doutores e demais testemunhas da Tradição, nos melhores e mais acatados escritores da ciência teológica, no estudo de outras ciências, principalmente das que se relacionam com as ciências sagradas – as temáticas mais candentes e os principais argumentos de teologia fundamental, dogmática e moral, Sagrada Escritura, liturgia, direito canônico e ecumenismo, os temas de maior relevo no debate cultural e na prática pastoral, como, por exemplo, os relacionados com a doutrina social da Igreja, a ética social, a bioética e as questões colocadas pelo progresso científico, particularmente influente na mentalidade e na vida dos homens contemporâneos –, de modo todo especial enquanto podem ser úteis ao exercício do ministério pastoral, não prescindindo da adoração e contemplação do mistério, que deve preencher seu coração e sua vida no ministério pastoral.

"Questão da maior importância" é, igualmente, a *formação pastoral* dos Presbíteros, que visa ajudá-los a tornarem-se sempre mais abertos para acolher a caridade pastoral de Jesus Cristo, a si doada por seu Espírito com o sacramento recebido. É tarefa ingente na Igreja conduzir e estimular os sacerdotes a conhecer sempre melhor a condição real dos homens aos quais são enviados, a discernir nas circunstâncias históricas nas quais são inseridos os apelos do Espírito Santo, a buscar os métodos mais aptos e as

---

[219] PO 19.
[220] Cân. 279 § 1.

formas mais úteis para exercitar seu ministério. São de grandíssimo realce encontros cujo objetivo principal seja a reflexão sobre o plano pastoral da diocese, no qual não podem faltar as questões atinentes à vida e à prática pastoral dos Presbíteros, como, por exemplo, a moral fundamental, a ética na vida profissional e social, o conhecimento da vida e da espiritualidade dos Diáconos permanentes, religiosos e leigos, a catequese, a homilética, a família, as vocações sacerdotais e religiosas, os jovens, os anciãos, os enfermos, o ecumenismo, os católicos "distantes da Igreja" etc.

É "questão de maior importância" *acompanhar de perto os novos sacerdotes*, durante os primeiros anos após a ordenação, ajudando-os a inserir-se no novo ambiente e tipo de trabalho, mediante a ajuda de um sacerdote já experimentado, não permitindo que iniciem uma nova tarefa sem uma adequada introdução; criando condições de vida e de ministério que lhes permitam poder traduzir na prática os ideais aprendidos durante o período de formação no seminário; amadurecendo para enfrentar, com fé e fortaleza, os momentos de dificuldades; fruindo da relação pessoal com o próprio Bispo e com um sábio padre espiritual; desfrutando de momentos de repouso, de meditação, de retiro mensal, em um ambiente espiritual de verdadeira fraternidade e delicadeza, não descuidando também de sua saúde física e dos diversos aspectos materiais da vida. Para isso, é questão premente organizar, nos primeiros anos de sacerdócio, encontros anuais de formação, nos quais se elaborem e se aprofundem adequados temas teológicos, jurídicos, espirituais e culturais, sessões especiais dedicadas a problemas de moral, de pastoral, de liturgia etc., bem como o favorecimento da convivência familiar entre eles e com aqueles mais maduros, de modo a permitir a troca de experiências, o conhecimento recíproco e também a prática evangélica da correção fraterna.

É "questão de maior importância" *acompanhar de perto os sacerdotes de meia-idade*, para defrontar os muitos riscos aos quais eles podem se expor, como, por exemplo, o ativismo exagerado e a rotina no exercício do ministério, que podem levá-los à tentação da presunção de si, como se a própria experiência pessoal, já provada, não necessitasse mais do confronto com nada e com ninguém; o cansaço interior, que atinge quase sempre o sacerdote adulto, como sinal de uma desilusão resignada diante das dificuldades e dos insucessos. Considerando, por isso, que eles têm necessidade de encorajamento, de inteligente valorização, de um novo aprofundamento da formação em todas as suas dimensões, com o escopo de revisar-se a si mesmos e de reavivar as motivações do sagrado ministério, de refletir sobre as metodologias pastorais à luz do essencial, da comunhão presbiteral, da amizade do próprio Bispo, da superação dos eventuais sinais de cansaço, de frustração, de solidão, de descoberta das raízes profundas da espiritualidade sacerdotal, é urgente que sejam beneficiados com especiais e aprofundadas sessões de formação, nas quais, além dos conteúdos teológico-pastorais, sejam examinadas todas as dificuldades psicológicas e afetivas que podem nascer em tal período.

Especial *atenção aos sacerdotes de idade avançada* também é outra "questão de maior importância", já que todos, tanto o Bispo quanto os Presbíteros e os leigos, devem reservar-lhes gratidão, pelo fiel serviço que prestaram a Cristo e à Igreja, e concreta solidariedade pela sua condição. A eles deve ser dado todo delicado sinal de consideração; a confirmação serena e estimuladora do papel que ainda são chamados a realizar no Presbitério, não só pelo prosseguimento do ministério pastoral, mas também pela possibilidade que eles têm, graças a sua experiência de vida e de apostolado, de tornar-se eles mesmos mestres e formadores de outros sacerdotes; a possibilidade de participar da formação organizada para os padres de meia-idade e convenientemente fruir de momentos, ambientes e encontros especiais para aprofundar a vida contemplativa sacerdotal, para descobrir e provar as riquezas doutrinais do que já estudaram, para desempenhar bem o ministério pastoral como peritos confessores e diretores espirituais.

Cuidar dos sacerdotes em condição de debilitação física ou de cansaço moral também é outra questão que não pode ser descurada. Para esses Presbíteros, é questão urgente estimulá-los a prosseguir de modo sereno e forte seu serviço à Igreja, de modo a não isolar-se da comunidade ou do Presbitério, a reduzir a atividade externa para dedicar-se aos atos de relação pastoral e de pessoal espiritualidade, a manter viva a convicção de continuar a ser membros ativos na edificação da Igreja, em força de sua união com Jesus Cristo sofredor e a tantos outros irmãos e irmãs que na Igreja participam da paixão do Senhor. É necessário que o Bispo e os Presbíteros não deixem jamais de fazer visitas periódicas aos sacerdotes enfermos, que poderão ser informados, sobretudo, a respeito dos acontecimentos da diocese.

É "questão de maior importância" a *dedicação aos sacerdotes "isolados"*, devido a especiais dificuldades, como marginalizações, incompreensões, desvios, abandonos, imprudências, limites de caráter próprios e dos outros, calúnias, humilhações etc. Os vínculos da fraternidade e solidariedade, próprios do sacramento da Ordem, são "questões prioritárias" nesses casos, uma vez que ajudam os sacerdotes a superar essas situações, mediante apoio, fraterna caridade e magnanimidade, oração e expressões de fraternidade e amizade, a ativa participação no Presbitério, os contatos regulares com o Bispo e com os outros sacerdotes, a mútua colaboração, a vida comum ou fraterna entre os sacerdotes, como também a amizade e a cordialidade com os fiéis leigos que são ativos nas paróquias.

a.2) *Aos Religiosos* – Dado que o estado constituído pela profissão dos conselhos evangélicos, embora não pertença à estrutura hierárquica da Igreja, está, contudo, firmemente relacionado com sua vida e santidade, é "questão de maior importância" que o Bispo, naquilo que se refere ao exercício público do culto divino, salva a diversidade dos Ritos, à cura das almas, à sagrada pregação que deve ser feita ao povo, à educação religiosa e moral, à instrução catequética e à formação litúrgica dos fiéis, sobretudo das crianças, como também ao decoro do estado clerical e às várias obras que dizem respeito ao exercício do sagrado apostolado, "procure compreender e tratar com familiaridade os religiosos, de sorte que eles não se sintam como estranhos mas antes de tudo como membros vivos da diocese, pronto a prestar-lhes a maior ajuda possível"[221]. Integra essa prioridade o cuidado para que os Presbíteros diocesanos se reúnam com freqüência com os religiosos, e assim possam se conhecer e estimar, estreitando os laços da fraternidade sacerdotal, exercendo mais frutuosamente seu ministério, unindo as próprias forças, de sorte que os fiéis possam disso receber a vantagem da edificação.

Não menos importante é a questão das religiosas, cuja ajuda à diocese é multíplice e deveras preciosa. O Bispo deve se preocupar em oferecer-lhes "abundantes subsídios para sua vida espiritual e instrução cristã, bem como o seu progresso cultural"[222]. Para isso, possibilitará a assistência de confessores, diretores espirituais e catequistas dotados de um bom conhecimento da vida religiosa, dotados de piedade, sã doutrina e espírito missionário e ecumênico, a eventual escolha de um vigário episcopal para as religiosas e as freqüentes visitas pessoais às casas das religiosas,

---

[221] EI 118.
[222] EI 119.

inclusive as de vida contemplativa, para encorajá-las, confortá-las e informá-las das iniciativas de caráter diocesano e universal, e para mostrar-lhes o grande valor do apostolado da oração e da penitência para a difusão do reino de Deus.

a.3) *Aos fiéis* – Questão das mais importantes é o bem dos fiéis, de quem os Bispos devem reconhecer e promover a dignidade e a responsabilidade na Igreja. Utilizar-se de boa vontade de seu prudente conselho, entregar-lhes ofícios no serviço da Igreja, deixar-lhes liberdade e raio de ação, encorajá-los, considerar atentamente suas iniciativas, votos e desejos, reconhecer a justa liberdade que lhes compete na cidade terrestre e defender seus direitos são algumas das muitas manifestações onerosas do múnus pastoral do Bispo, de cujas preocupações não devem ser excluídos ainda os que, por sua condição de vida, não podem usufruir suficientemente do cuidado pastoral ordinário, os que se afastaram da prática religiosa, os fiéis de rito diverso, os que não estão em plena comunhão com a Igreja católica, os não batizados.

Outra prioridade, nesse sentido, é a relação do Bispo com as públicas autoridades leigas:

> "O Bispo cumpre esse ofício na maneira mais respeitosa e cortês, mas sempre de modo a não comprometer em nada sua missão espiritual e sem oferecer à comunidade nenhuma suspeita de uma sua intromissão ou aprovação de interesses particulares, tutelando sua liberdade apostólica no aberto anúncio do evangelho e dos princípios morais e religiosos em matéria social, bem como na condenação prudente e corajosa de eventuais delitos graves e públicos e de outras injustiças"[223].

---

[223] EI 122.

b) *A Autoridade e o Sacro poder* – O Concílio Vaticano II afirmou que os Bispos governam as Igrejas particulares que lhes foram confiadas com conselhos, exortações e exemplos, mas também *com autoridade e com sacro poder*[224]. O Catecismo da Igreja Católica chama *autoridade* a "qualidade em virtude da qual pessoas ou instituições fazem leis e dão ordens a homens, e esperam obediência da parte deles" (n. 1899). O *sacro poder* é a prerrogativa de Cristo, Todo-poderoso, conferida e exercitada na Igreja sempre para fins espirituais em ordem à salvação, mediante o exercício dos múnus de santificar, ensinar e governar, a um título novo conferidos aos Bispos, mediante a ordenação episcopal, nunca exercidos sem a regência da suprema autoridade da Igreja. "Em virtude desse poder, os Bispos têm o sagrado direito e o dever perante Deus de legislar para seus súditos, de julgar e de ordenar tudo que se refere à organização do culto e do apostolado"[225].

É "questão da maior importância" para a diocese o *poder legislativo* do Bispo, pois ele possibilita a elaboração de leis que determinam, fundam e tutelam os direitos subjetivos e delineiam os deveres de cada fiel, inclusive predispondo sanções penais.

É "questão da maior importância" para a Igreja particular o *poder executivo* do Bispo, enquanto, por ele, o pastor emite disposições para a interpretação e a aplicação das leis, a execução das sentenças, inclusive penais, e para a administração dos bens temporais da Igreja.

É "questão da maior importância" para a diocese *o poder judiciário*, pois seu exercício permite a emissão de sentenças que reconhecem e tutelam concretamente os direitos fixados pela lei, predispondo os meios, inclusive aplicando sanções penais, para

---

[224] LG 27.
[225] Id.

sua atuação, e que, ao mesmo tempo, definem concretamente as obrigações correspondentes.

É "questão da maior importância" para a diocese o *múnus de ensinar* do Bispo, pois ele, como sucessor dos Apóstolos, é o arauto da fé que leva a Cristo novos discípulos; o doutor autêntico que, revestido da autoridade de Cristo, proclama ao povo o que se refere à autêntica fé da Igreja e aos costumes morais, defende o santo depósito e o confessa sem nenhuma vergonha. Tudo o que diz respeito às diversas modalidades de pregação do Bispo (evangelização, homilia, cartas pastorais, catequese sacramental e sistemática, missões, educação religiosa nas escolas, centros acadêmicos, escolas teológicas para leigos, cursos de teologia ou de cultura religiosa, catecumenato, livros e revistas e os meios de comunicação social etc.), das quais muito participam, de acordo com o direito, seus colaboradores (Presbíteros, Diáconos, religiosos e religiosas, leigos), goza da maior importância para o povo de Deus.

É "questão da maior importância" para a diocese o *múnus de santificar* do Bispo, pois essa sua função, qual pontífice e presidente da comunidade orante, foi sempre e continua a ser fundamental na Igreja e, embora esteja intimamente ligada às funções de mestre da santificação, é exercitado por ele na pessoa de Cristo, sumo e eterno sacerdote, e constitui o cume e a fonte de todos os outros ministérios[226]. Tudo o que integra o santo e eficaz exercício de sua função de pontífice na comunidade de culto jamais pode perder o inestimável valor para toda a diocese: sua vida de oração e a constante busca da perfeição cristã, a piedosa celebração das funções sagradas na catedral e nas outras igrejas diocesanas,

---

[226] Cf. CD 15.

o zelo pelo decoro da liturgia e dos lugares sagrados, a primorosa educação litúrgica dos clérigos e fiéis, a elaboração de diretórios litúrgicos e similares, inclusive para a mais correta e santa celebração dos sacramentos e sacramentais nas diversas comunidades de culto, a ordenação das diversas formas de piedade na diocese, sobretudo a adoração ao Santíssimo Sacramento, os santuários, os diversos tempos do ano litúrgico, a celebração da Liturgia das Horas, as festas dos padroeiros, a devoção à Virgem Maria – com particular relevo a recitação do rosário – e aos santos, a *via crucis*, as "paraliturgias bíblicas" etc.

1.2. *As questões referentes ao bem pastoral* – O Conselho Presbiteral se reúne para tratar dos assuntos que interessam ao governo da diocese e ao bem pastoral do Povo de Deus. Ao Bispo, qual sucessor dos Apóstolos, compete a tarefa de apascentar o rebanho do Senhor, educar os fiéis como filhos amados em Cristo, e governar a Igreja de Deus como verdadeiro pai, em espírito de estima e solicitude. Sem jamais descuidar dos princípios do bem comum, da unidade, da colaboração responsável, da subsidiariedade, da coordenação, da pessoa certa no lugar certo, uma das questões pastorais mais relevantes do múnus de apascentar do Bispo é que seu apostolado se adapte às novas situações e que responda às novas necessidades do mundo atual. É fundamental, para isto, o conhecimento individual dos fiéis e de suas situações pessoais, tanto os que lhe são mais próximos quanto os outros que trabalham em nível diocesano ou paroquial nas obras de piedade, caridade e apostolado. Para obter esse conhecimento, ele se valerá ainda de uma adequada informação sócio-religiosa de toda a diocese, de um exato conhecimento de todas as condições, especialmente morais e espirituais, que influem sobre a vida humana, do reconhecimento e aceitação da diversidade de sua grei, com suas vocações e carismas, do diálogo e de encontros amigáveis entre pessoas de diferentes idades e até, mas com prudência e sabedoria, de facções contrastantes; não deixará de primar a pastoral orgânica diocesana, mediante uma ação comum e coordenada dirigida a todas as categorias de pessoas necessitadas de evangelização ou de catequese; exigirá a união e coordenação do trabalho de Presbíteros, religiosos e leigos e de todos os setores da pastoral: liturgia, catequese, missão, social, cultural, familiar etc. E isso sem que alguma forma de apostolado se arrogue um primado sobre as outras, exceto as prioridades estabelecidas pela competente autoridade eclesiástica.

2. As questões preceptivas

Não existissem questões de maior importância obrigatórias reguladas pelo direito (universal ou particular), não seria o Conselho Presbiteral outra coisa que um órgão institucional ilustrativo, uma figura irrelevante jurídica e pastoralmente na diocese. A obrigatoriedade de tratar de determinados assuntos nas reuniões do Conselho evidencia, por um lado, a preocupação do legislador em tutelar o fundamental direito que os Presbíteros adquirem, com a ordenação e a pertença ao Presbitério, de cooperar com o Bispo na solicitude pela Diocese, inclusive no tocante a certas questões de particular interesse; por outro, recorda que as expressões usadas pelo Concílio Vaticano II, quais sejam auxiliares, conselheiros necessários, e amigos dos Bispos[227], mais que um ideal a ser alcançado ou até uma aspiração moralmente vinculante, é um dever jurídico dos Bispos, que, apesar de deterem a plenitude do sacerdócio, não são oniscientes nem auto-suficientes.

---

[227] Cf. LG 28b; PO 7a.

2.1. *No direito universal*

O Código de Direito Canônico estabelece que o Bispo diocesano escute o Conselho Presbiteral em alguns casos. Antes de enumerar esses casos, convém fazer duas ponderações. A primeira é referente ao que determina o cân. 127 § 2, 2o:

"Quando é estatuído pelo direito que, para praticar certos atos, o Superior necessita do consentimento ou conselho de algumas pessoas tomadas individualmente... se for exigido conselho, é inválido o ato do Superior que não ouvir essas pessoas".

O ato inválido, mesmo se tiver existido e tiver tido aparência de verdadeiro, de fato não teve nem terá nenhuma eficácia jurídica, enquanto não for sanado. A segunda questão é: pode o Bispo apelar para o cân. 87 e dispensar-se da obrigação de escutar o Conselho Presbiteral, quando preceituada pelo direito universal? Absolutamente não! A escuta do Conselho, da parte do Bispo, como requisito necessário para a realização de determinados atos, sob pena de invalidade desses atos, é parte integrante (em linguagem jurídica, *constitutiva*) desses atos jurídicos. E o cân. 86 é taxativo: Não são susceptíveis de dispensa as leis enquanto definem as coisas essencialmente *constitutivas* dos institutos ou *dos atos jurídicos*.

São sete as ocasiões em que o Conselho presbiteral deve ser ouvido. Todas estão relacionadas mais diretamente ao exercício do poder executivo do Bispo diocesano.

a) *Antes da celebração do Sínodo diocesano* – Diz o cân. 461 § 1:
"Celebre-se o sínodo diocesano em cada Igreja particular, quando as circunstâncias o aconselharem, a juízo do Bispo diocesano e ouvido o conselho presbiteral".

O sínodo diocesano é um dos organismos de governo mais importantes da diocese. Como assembléia de sacerdotes e outros fiéis da diocese escolhidos, sua função é auxiliar, de tempos em tempos, o Bispo diocesano no exercício do pastoreio de toda a comunidade diocesana. Suas propostas, se acolhidas pelo Bispo, são traduzidas em declarações ou decretos, que contêm apenas sua assinatura e só por sua autoridade podem ser publicados. Nessas declarações ou decretos, constarão as leis, instruções, orientações e exortações de grande repercussão para a vida de toda a diocese, nos âmbitos dos múnus de ensinar, santificar e apascentar o rebanho do Senhor, que têm por finalidade: a) apliçar à situação local a disciplina e a doutrina da Igreja universal; b) emitir normas de ação pastoral; c) corrigir, se for o caso, erros ou vícios existentes; d) cultivar a responsabilidade comum na edificação do povo de Deus. Eis por que o legislador estabeleceu que um acontecimento tão solene para a diocese fosse primeiro submetido ao parecer do Senado do Bispo, o Conselho Presbiteral. Os membros do Conselho deverão dar seu parecer sobre a conveniência da convocação e da celebração do Sínodo, considerando os seguintes critérios: o favorecimento das circunstâncias, a viabilidade do evento e a oportunidade para fazê-lo.

b) *Antes da ereção, supressão ou modificação de modo notável das paróquias* – Afirma o cân. 515 § 2:

"Erigir, suprimir, ou modificar as paróquias compete exclusivamente ao Bispo diocesano, o qual não erija, nem suprima paróquias, nem as modifique de modo notável, a não ser ouvindo o conselho presbiteral".

A paróquia é uma determinada comunidade de fiéis, constituída estavelmente na diocese, e seu cuidado pastoral é confiado ao pároco como a seu pastor próprio, sob a autoridade do Bispo diocesano. É uma porção obrigatória do povo de Deus na diocese, na qual a comunhão eclesial, mesmo tendo sempre uma dimensão universal, encontra sua expressão mais imediata e visível. Por ser "a última localização da Igreja e, em certo sentido, a própria Igreja que vive no meio das casas de seus filhos e de suas filhas"[228], a criação, supressão ou alteração notável da paróquia tem grandes repercussões, sobretudo pastorais, em toda a diocese. Por "modificação notável" deve-se entender uma alteração significativa dos elementos integrantes da paróquia, como, por exemplo, a mudança dos limites territoriais, a substituição da igreja paroquial, a encomendação da paróquia a um Instituto religioso clerical ou a vários sacerdotes solidariamente etc. O parecer dos membros do Conselho Presbiteral, nesse sentido, versará sobre os seguintes parâmetros: os motivos da ereção/supressão/modificação, os critérios de determinação da comunidade de fiéis (por exemplo, os limites do território ou os novos limites territoriais das paróquias afetadas, os débitos ou proventos das paróquias a serem suprimidas ou modificadas), a sede da nova igreja paroquial, o modo de provisão do ofício do pároco, os meios de sustentação do pároco, da paróquia e de suas obras de apostolado, a data em que o decreto entrará em vigor etc.

c) *Antes de estabelecer normas sobre a destinação das ofertas recebidas pelos fiéis* – Ensina o cân 531:
"Mesmo que outro tenha exercido alguma função paroquial, deve entregar à caixa paroquial as ofertas recebidas dos fiéis nessa ocasião, salvo se conste intenção contrária do ofertante; tratan-

---

[228] CL 26.

do-se de ofertas voluntárias, compete ao Bispo diocesano, ouvido o conselho presbiteral, dar prescrições com que se determine a destinação dessas ofertas e a remuneração dos clérigos que exercem essa função".

Esse cânon trata de um dos direitos econômicos do pároco, chamados pelo antigo Código de 1917 de direitos de estola, que com as oferendas voluntárias integravam o dote de benefício. As ofertas nunca podem ser confundidas com as taxas. As primeiras estão relacionadas sempre com o múnus de santificar (celebração dos sacramentos e sacramentais), enquanto que as taxas dizem respeito ao múnus de governar (atos do poder executivo gracioso ou execução de rescritos). As ofertas materiais (quase sempre financeiras), conforme o cânon acima, são de duas naturezas: devidas e voluntárias. As ofertas devidas são estabelecidas pela autoridade eclesiástica e apresentadas por ocasião das funções paroquiais; portanto, sua entrega é onerosa por estrita justiça e seu destino é a caixa paroquial, a não ser que o ofertante disponha diversamente, pois "as ofertas feitas pelos fiéis para fim determinado não podem ser destinadas senão para tal fim"[229]. As ofertas voluntárias são aquelas não determinadas pelo direito universal ou particular e não devidas por justiça. Seu destino, por conseguinte, não será o fundo comum paroquial, quando constar claramente a intenção contrária do doador. O Conselho Presbiteral deverá dar seu parecer ao Bispo sobre o destino dessas últimas (se para os gastos ordinários da paróquia, para a sustentação do pároco e outros clérigos que atuam na paróquia, para a remuneração de outras pessoas que

---

[229] Cân. 1267 § 1.

atuam na paróquia etc.) e sobre os meios para garantir a justa remuneração dos sacerdotes e Diáconos que exercem alguma função paroquial.

d) *Antes da constituição do conselho pastoral nas paróquias* – Determina o cân. 536 § 1 que "a juízo do Bispo diocesano, ouvido o Conselho Presbiteral, se for oportuno, seja constituído em cada paróquia o Conselho Pastoral, presidido pelo pároco, no qual os fiéis ajudem a promover a ação pastoral, juntamente com os que participam do cuidado pastoral em virtude do próprio ofício". Semelhante ao Conselho Pastoral da diocese, o Conselho Pastoral paroquial, que tem voto apenas consultivo, é um órgão institucional que atualiza na paróquia a responsabilidade comum dos fiéis na vida e missão da Igreja e é uma resposta aos anseios do Vaticano II pela mútua cooperação entre os leigos e os pastores da Igreja[230]. Sua finalidade básica é servir de suporte institucional para a colaboração dos fiéis que vivem e trabalham na paróquia ao fomento da atividade pastoral. Pelo direito universal, sua constituição é facultativa, mas pode tornar-se obrigatória segundo as diretrizes diocesanas. Os membros do Conselho Presbiteral devem se pronunciar ao Bispo diocesano sobre a viabilidade e a oportunidade de ser constituído o Conselho Pastoral paroquial em todas ou algumas paróquias ou ainda em uma determinada, e sobre o seu efetivo funcionamento; nada impede que se pronunciem ainda sobre suas normas a serem estatuídas pelo Bispo.

e) *Antes da construção de novas igrejas* – Prescreve o cân. 1215 § 2 que "o Bispo diocesano não dê o consentimento [para a

---

[230] Cf. LG 32-33.37; PO 9; AA 10.23-26.

edificação de igreja] a não ser que, ouvido o Conselho Presbiteral e os reitores das igrejas vizinhas, julgue que a nova igreja possa servir para o bem das almas, e que não faltarão os meios necessários para a construção da igreja e para o culto divino". Por *Igreja* entende-se um edifício sagrado destinado ao culto divino, ao qual os fiéis têm o direito de ir para praticar o culto divino, especialmente público. Sinal da especial presença de Deus no meio do povo e da Nova Aliança entre Ele e os homens realizada em Cristo, a igreja é o espaço por excelência de culto, louvor, ação de graças e adoração a Deus em espírito e verdade. A competência para dar o consentimento para a construção de uma nova igreja é reservada ao Bispo diocesano, que não poderá dá-lo validamente sem antes ouvir o Conselho Presbiteral. Os conselheiros, ao emitirem seu parecer, considerarão os seguintes elementos: 1) se a construção se baseia nas necessidades espirituais dos fiéis; 2) se o local é conveniente e o espaço é suficiente; 3) se existe a garantia de que não faltarão os meios necessários para a construção da igreja e para a manutenção do culto divino, no futuro (ofertas da comunidade, ajuda de instituições diocesanas e extradiocesanas etc.).

f) *Antes de reduzir as igrejas ao uso profano* – Quando uma igreja da diocese não pode ser usada de maneira alguma para o culto divino, por exemplo, porque uma parte considerável do edifício foi destruída, e não há possibilidade de restaurá-la ou porque as despesas excedem em muito as receitas da paróquia ou diocese, o Bispo diocesano pode reduzi-la a uso profano não-sórdido, ou seja, não indecoroso[231], sem a obrigação de consultar qualquer pessoa.

---

[231] Cf. cân. 1222 § 1.

Mas "onde outras graves causas aconselham que alguma igreja não seja mais usada para o culto divino, o Bispo diocesano, ouvido o Conselho dos Presbíteros, pode reduzi-la a uso profano não-sórdido, com o consentimento daqueles que sobre ela legitimamente reclamam direitos, contanto que o bem das almas não sofra com isso nenhum prejuízo"[232]. Dentre as "outras graves causas", podemos citar a mudança de residência dos fiéis que torne as celebrações litúrgicas na igreja praticamente sem a participação do povo, a transformação radical do contexto sócio-comunitário do bairro em que se encontra o edifício sagrado em um ambiente altamente perigoso ou desfavorável à prática dos atos litúrgicos (pontos de droga, zona de prostituição, proximidade de indústrias de produção de material radioativo etc.). O Conselho Presbiteral dará seu parecer apontando soluções que garantam que o bem espiritual dos fiéis interessados seja mantido, indicando mecanismos pastorais que evitem o surgimento de conflitos com os fiéis que até esse momento gozavam do direito de acesso à igreja e sugerindo ao Bispo, no caso de venda do imóvel, o que for mais viável e vantajoso para a diocese, na estrita observância das normas sobre a alienação do patrimônio da Igreja[233].

g) *Antes de fixar as contribuições das pessoas físicas e jurídicas* – Preceitua o cân. 1263 que "o Bispo diocesano, ouvidos o Conselho de Assuntos Econômicos e o Conselho Presbiteral, tem o direito de impor às pessoas jurídicas públicas que dele dependem taxas moderadas e proporcionadas às rendas de cada uma, em favor das necessidades da diocese; às outras pessoas físicas e jurídicas, ele pode impor uma contribuição extraordinária e moderada, somente em caso de

---

[232] Cân. 1222 § 2.
[233] Cf. cânn. 1291-1294.

grave necessidade e sob as mesmas condições, salvas as leis e os costumes particulares que lhe confiram maiores direitos". "Taxas" são prestações devidas em dinheiro de forma obrigatória, exigidas pelo Bispo diocesano para serem aplicadas em favor da diocese. Elas podem ser impostas pelo Bispo, de forma permanente ou não, às pessoas jurídicas públicas[234] que dele dependem, como, por exemplo, ao seminário[235], às paróquias[236], às casas dos Institutos Religiosos e Sociedades de Vida Apostólica na diocese[237]. Não entram nessa categoria as escolas externas dos Institutos Religiosos de direito pontifício[238]. Contribuições extraordinárias são tributos estipulados, mas não de forma estável, por motivos de grave necessidade para o socorro das necessidades da diocese. O Bispo diocesano pode impô-las às pessoas físicas (os batizados) e às pessoas jurídicas privadas[239]. O parecer dos membros do Conselho Presbiteral ao Bispo diocesano considerará os seguintes aspectos do problema: periodicidade, prazos, fins, modalidades de pagamento e isenções das taxas/contribuições, as situações de todos e cada um dos sujeitos passivos das mesmas, a proporcionalidade da quantia das taxas/contribuições etc.

Alguns autores consideram que o Bispo é obrigado também a ouvir o Conselho Presbiteral por ocasião da nomeação dos «párocos consultores», tendo em vista a remoção dos párocos. Não penso que se possa deduzir tal afirmação do cân. 1742, que diz:

---

[234] "Pessoas jurídicas públicas são universalidades de pessoas ou de coisas, constituídas pela autoridade competente eclesiástica para desempenharem, dentro das finalidades preestabelecidas em nome da Igreja, de acordo com as prescrições do direito, o encargo a elas confiado em favor do bem comum; as outras pessoas jurídicas são privadas" (cân. 116 § 1).
[235] Cf. cân. 238 § 1.
[236] Cf. cân. 515 § 3.
[237] Cf. cânn. 634 § 1; 741 § 1.
[238] Cf. AAS 81 (1989) 991.
[239] Pessoas físicas são todos os batizados, sujeitos de deveres e direitos na Igreja (cf. cân. 96). À diferença das pessoas jurídicas públicas, as privadas, mesmo constituídas pela autoridade competente eclesiástica, não agem em nome da Igreja, mas dos seus próprios membros. São, por exemplo, certas associações de fiéis e alguns chamados "movimentos de Igreja".

"Se da instrução realizada [para a destituição do pároco] constar da existência de causa mencionada no cân. 1740[240], o Bispo discuta a coisa com dois párocos do grupo, para isso estavelmente escolhidos pelo Conselho dos Presbíteros, por proposta do Bispo…"
O texto não diz que o Bispo deva consultar todos os membros do Conselho e sim dois párocos de um grupo estável escolhido pelo Conselho. Esse grupo, ao meu ver, pode ser oriundo do Conselho ou não; além disso, não penso que tal grupo possa ser identificado com o próprio Conselho, pois se assim fosse a expressão "discuta a coisa com dois párocos do grupo" deveria ser mudada por esta outra: "discuta a coisa com o Conselho". O papel do Conselho nesse caso, portanto, não é dar o parecer ao Bispo, mas escolher. O Bispo pode pedir seu parecer, mas não está obrigado a fazê-lo, segundo a legislação universal.

2.2. No direito particular

Outras "questões de maior importância" podem ser estabelecidas no direito particular pela Conferência dos Bispos[241], concílio provincial[242], Região eclesiástica[243], pelos Estatutos da diocese ou do próprio Conselho Presbiteral. Normalmente, contudo, por estes dois últimos. Assim, por exemplo, as ordenações diaconais e presbiterais, as transferências dos párocos, a incardinação/excardinação dos clérigos, o "empréstimo" de clérigos da diocese a outras Igrejas particulares, a instalação/remoção de Institutos Religiosos na/da diocese, a sugestão para indicação de candidatos ao episcopado, a aquisição/alienação de imóveis de considerável valor financeiro etc.

---

[240] Cân. 1740: "Quando o ministério de algum pároco se tornar prejudicial ou pelo menos ineficaz, mesmo sem culpa dele, pode ser destituído da paróquia pelo Bispo diocesano".
[241] Cf. cân. 496.
[242] Cf. cân. 432 § 1.
[243] Cf. cân. 434.

4
O Bispo diocesano e o caráter consultivo do Conselho Presbiteral

1. O papel do Bispo diocesano

Como não se concebe um Presbitério sem o Bispo diocesano, não se admite a hipótese de um Conselho Presbiteral – que, por definição, é representante do Presbitério – sem a participação do Bispo. O Senado do Bispo nunca age sem este, já que a finalidade do Conselho Presbiteral é exatamente prestar auxílio ao Bispo no governo da diocese. Por isso, sem o Bispo presente às reuniões, por si ou por outro, o Conselho fica privado de sua função institucional. O papel do Bispo diocesano nas reuniões do Conselho vem apresentado em um cânon: convocar o Conselho Presbiteral, presidi-lo, determinar as questões a serem tratadas ou aceitar as questões propostas pelos membros[244]; a ele, ainda, compete exclusivamente o cuidado da divulgação do que foi estabelecido[245] São cinco, portanto, as competências do Bispo: convocar, presidir, estabelecer a pauta, aceitar propostas, publicar os atos do Conselho.

1.1. *A convocação* – Se a finalidade principal do Conselho é aconselhar o Bispo diocesano, somente este pode convocá-lo, já que só a ele é reservada a presidência de seu Senado. Por isso,

---
[244] Cân. 500 § 1.
[245] Cân. 500 § 3.

tanto a autoconvocação do Conselho como a convocação feita por qualquer outra instância diocesana seria ilegítima e inválida.

O modo da convocação, a ser estabelecido nos Estatutos, deve possibilitar a todos os conselheiros o conhecimento inequívoco do dia, hora e local das reuniões.

O Código não determinou o número de reuniões anuais do Conselho presbiteral, deixando assim essa tarefa para o direito particular. Nos Estatutos de muitos Conselhos das dioceses brasileiras, no item que trata da convocação, a expressão «o Conselho se reunirá ordinariamente ao menos .... vezes ao ano» aparece como uma forma de harmonizar duas realidades: a absoluta liberdade do Bispo ao convocar o Conselho e a necessidade de não tornar o Conselho um órgão inoperante na prática. A expressão acima citada parece-nos sensata também por uma outra razão: as "questões de maior importância" preceptivas e não preceptivas, nas quais o Bispo diocesano deve ouvir o Conselho, são inúmeras, algumas das quais recorrentes e de relevância objetiva para toda a diocese e não apenas para o juízo discricional do Bispo. Nesta mesma linha posiciona-se a CNBB, na legislação complementar ao cân. 496: "Se possível, o Conselho Presbiteral seja convocado ao menos trimestralmente" (n. 7).

O número de convocações extraordinárias ficará a critério do Bispo diocesano, de acordo com a gravidade e a urgência das questões a serem tratadas.

1.2. *A presidência* – O fundamento da presidência nata do Bispo não é sua pertença ao Presbitério e sim a natureza e a finalidade do Conselho Presbiteral, que é ser o "seu" Senado, o qual, como órgão consultivo, está a seu serviço. Mais do que um animador ou moderador das reuniões, o Bispo, enquanto presidente, é um elemento essencial do Conselho Presbiteral, que *nunquam agere valet sine Episcopo dioecesano* (cân. 500 § 3). Todos os atos das reuniões do Conselho sem a presidência do Bispo, por isso, são inválidos. Não obstante, como ato de poder executivo ordinário, a presidência pode ser delegada a um outro[246], conforme a regra 68 de Bonifácio VIII: *Potest quis per alium quod potest facere per seipsum.* O delegado deve ser sacerdote, mas não necessariamente membro do Conselho Presbiteral. A prudência pastoral do Bispo evitará que a delegação seja geral , mas *ad actum*.

1.3. *A definição da pauta* – O Conselho Presbiteral tem apenas um consulente (o Bispo diocesano); os demais são conselheiros. Somente ao consulente compete estabelecer a ordem do dia. Caso contrário, não teríamos mais um *senatus episcopi* e sim um *senatus presbyterorum*. Como já vimos, existe uma pauta obrigatória, da qual o Bispo não pode prescindir: as questões determinadas pelo direito universal e/ou particular, para as quais ele deve pedir o parecer do Conselho. A pauta não preceptiva virá sempre do âmbito daquelas "questões de maior importância" para o governo pastoral e para o bem dos fiéis que, *hic et nunc*, o Bispo considerar mais urgentes. A pauta pode ser dada a conhecer aos conselheiros antes das reuniões, como, por exemplo, no final da reunião anterior ou no documento de convocação para a próxima reunião. Tratando-se, porém, de assuntos particularmente delicados, é recomendável que o conteúdo da pauta não seja revelado, ao menos em sua totalidade. É conveniente que o Presbitério inteiro também conheça, antes ou depois das reuniões, o conteúdo da pauta? Não vemos razões sérias para a negativa, considerando que o Conselho Presbiteral representa o Presbitério da diocese.

---

[246] Cf. cân. 137 § 1.

1.4. A aceitação das questões propostas pelos membros – O cân. 500 § 1 e a legislação complementar ao cân. 496, da CNBB (cf. n. 7), prevêem a possibilidade de o Conselho Presbiteral sugerir ao Bispo algumas questões a serem incluídas na pauta. Como membros e representantes do Presbitério, também os conselheiros sentem os problemas e as necessidades da diocese; submetê-los ao Bispo para que sejam incluídos na pauta do Conselho nada mais é que uma decorrência natural da solicitude dos Presbíteros, colaboradores necessários da ordem episcopal e co-responsáveis pelo bom governo da diocese. A decisão de acolher ou rejeitar as questões será sempre do Bispo. Se não existe nenhum dispositivo legal que obrigue o Bispo a acatar as sugestões para a pauta das reuniões, cremos, por outro lado, que, nos casos de "questões da maior importância" particularmente graves, exista uma certa obrigação moral de fazê-lo. Não se vê como o Presbitério possa sugerir (por escrito ou de outra forma) ao Bispo uma lista de assuntos para a pauta, mas nada impede que o faça diretamente a seus representantes no Senado.

1.5. A publicação dos atos – Somente ao Bispo diocesano compete o cuidado da divulgação do que foi estabelecido nas reuniões do Conselho[247]. Com efeito, nem sempre é conveniente divulgar o conteúdo das decisões tomadas. Por isso, dispõe o cân. 127 § 3:

"Todos aqueles cujo consentimento ou conselho é requerido devem manifestar sinceramente a própria opinião e, se a gravidade do negócio o exige, guardar diligentemente o segredo; essa obrigação pode ser urgida pelo Superior".

---

[247] Cf. cân. 500 § 3.

Alguns assuntos, pela agudeza e gravidade com que se revestem, exigem uma certa reserva de sigilo: se se tornassem de domínio público, facilmente poderiam se transformar em instrumento de pressão, sobretudo perante os meios de comunicação social. Por outro lado, não têm os membros do Presbitério direito de saber o que fazem seus representantes nas reuniões do Senado? Sem dúvida! Para não violar esse direito do Presbitério, seria de bom augúrio que os Presbíteros da diocese fossem informados, ao menos de forma sumária e, no caso dos assuntos graves, bastante discreta, sobre a pauta da reunião e o parecer dos consultores.

2. A natureza do voto do Conselho Presbiteral

O cân. 500 § 2 diz que "o Conselho Presbiteral tem voto somente consultivo". O voto se chama consultivo porque não tem poder jurídico de deliberar ou decidir nada que obrigue o consulente a fazer ou deixar de fazer alguma coisa. A expressão voto somente consultivo é uma pedra de tropeço, porque pode ser mal compreendida e bem compreendida.

Mal compreendidas, essas palavras podem levar a dois equívocos graves. O primeiro equívoco seria o desmerecimento do Conselho Presbiteral, que não passaria de algo meramente ilustrativo, um órgão colegial de pouco ou nenhum valor para as decisões do Bispo, uma figura institucional inócua e irrelevante no âmbito diocesano, já que não tem poder decisional vinculante. O segundo equívoco, decorrente do primeiro, postularia uma esdrúxula concepção do Bispo diocesano, qual figura onipotente, autodidata e ditatorial, que, por não estar obrigado juridicamente a seguir o parecer do Conselho (formado de *meros* ordenados que não têm a plenitude do sacerdócio), estaria acima da lei como alguém absolutamente intocável e irreformável no pensar, no querer e no agir, e que, por isso, escuta o Conselho Presbiteral apenas *pro forma* e por pura misericórdia.

Bem compreendidas, as palavras *voto somente consultivo* querem dizer: 1) que o parecer do Conselho, estritamente falando, nunca pode ser uma decisão de governo, a qual é reservada apenas ao Bispo, o único na diocese que detém todo o poder ordinário, próprio e imediato, que se requer para o exercício de seu múnus pastoral; 2) por outro lado, que as decisões de governo do Bispo estão vinculadas aos laços necessários que o unem à Ordem presbiteral, cujos membros – seus auxiliares, conselheiros e amigos –, deputando aos conselheiros a tarefa institucional de ajudar ao Bispo a bem governar a diocese, são co-responsáveis pelo reto exercício do múnus de ensinar, santificar e apascentar do pastor da diocese. A consulta aos colaboradores mais próximos, como ato prévio e preparatório a qualquer decisão eclesial, é, por conseguinte, tão ou quase importante como a própria decisão do Bispo, pois a preserva do perigo da intempestividade e da falta de ponderação, prelúdios de graves e, muitas vezes, irreparáveis erros.

O parecer do Conselho Presbiteral, em certas circunstâncias, pode ser vinculante. O cân. 500 § 2 diz que o Conselho tem voto somente consultivo, mas admite que "nos casos expressamente determinados pelo direito" o Bispo venha a necessitar de seu consenso. O direito universal (Sumo Pontífice, Concílio Ecumênico ou outros atos colegiais) não contempla, até agora, nenhum caso que exija o consenso do Conselho; a questão é remetida, portanto, ao direito particular (normalmente a Conferência Episcopal e os Estatutos do próprio Conselho Presbiteral).

Submeter à consulta uma questão para a qual o Bispo tem necessidade do consenso do Conselho para agir significa atribuir força deliberativa ao Conselho. Essa deliberação, porém, não torna o Conselho Presbiteral co-detentor do poder de governo na diocese, numa espécie de "democracia presbiteral", onde existiria uma dupla titularidade nas tarefas de executar e legislar na Igreja particular. Essa linha de raciocínio teria uma forte conotação protestante de caráter "presbiteriano". Ao invés, quando se fala de força deliberante do parecer do Conselho, há de se entender que o único pastor da diocese, o Bispo diocesano, "deve decidir sozinho, mas obrigatoriamente em consonância com o que sugeriu o Conselho"; ou ainda que "sua decisão livre e soberana não pode ser contrária ao parecer do Conselho". Dessa forma, são equivocadas as expressões "o Conselho decidiu", "o Conselho proibiu", "o Conselho legislou" etc. Na diocese, é o Bispo diocesano quem decide, é o Bispo diocesano quem proíbe, é o Bispo diocesano quem legisla.

É lógico que, exceto nos casos em que o consenso seja exigido *ad validitatem*, o Bispo pode tomar, por razões graves, uma decisão contrária àquela do consenso obtido:

"O Superior, embora não tenha nenhuma obrigação de ater-se ao voto delas, mesmo unânime, todavia, sem uma razão que seja superior, segundo o próprio juízo, não se afaste do voto delas, principalmente se unânime"[248].

Ordinariamente, por isso, com o consenso do Conselho deve o Bispo diocesano concordar sempre. Somente assim se verifica aquela sintonia tão augurada pelo Concílio Vaticano II entre o Bispo e o seu Presbitério, resumida magistralmente na expressão *una cum et sub episcopo*.

---

[248] Cân. 127 § 2, 2º.

3. Os Estatutos e os Regimentos

Por "estatutos" entendem-se as "determinações estabelecidas de acordo com o direito nas universalidades de pessoas ou de coisas, e por meio das quais são definidos sua finalidade, constituição, regime e modo de agir"[249]. Como universalidade de pessoas, o Conselho Presbiteral deve ter os próprios estatutos aprovados pelo Bispo diocesano, respeitando-se as normas dadas pela Conferência dos Bispos. A Carta circular *Presbyteri sacra* estabelece que nos Estatutos do Conselho Presbiteral também devem constar: 1) as questões mais importantes que serão tratadas nas reuniões; 2) o modo de proceder, 3) a periodicidade das reuniões e 4) a cooperação com os outros organismos consultivos, para estreitar as relações do Conselho com todos os sacerdotes da diocese. Uma das partes mais importantes dos Estatutos é a que trata das normas eleitorais: "O modo de eleger os membros do Conselho Presbiteral deve ser determinado pelos Estatutos" (cân. 499). Este *modus eligendi* comporta todos os procedimentos legais desde a convocação dos membros até a constituição do Conselho. Quando é elevado o número de membros do Conselho Presbiteral e suas reuniões são freqüentes, exige-se uma elaboração mais detalhada dos Estatutos; quando os Conselhos têm um reduzido número de participantes, como é o caso da maioria das dioceses brasileiras, assumem os Estatutos uma formulação mais simplificada.

Conforme determinação da CNBB, o Bispo diocesano não pode preparar sozinho este importante documento: "Cada Conselho Presbiteral tenha seu Estatuto, preparado com a

---

[249] Cân. 94 § 1.

participação do Presbitério e aprovado pelo Bispo diocesano, de acordo com as normas de direito, bem como a praxe legítima de cada Igreja particular" (Legislação complementar ao cân. 496, n. 1).

Por serem suas prescrições promulgadas pelo Bispo diocesano em virtude de seu poder legislativo, os Estatutos são regidos pelas prescrições dos cânones sobres as leis[250]. Por isso, sendo verdadeiras leis particulares, devem ser promulgados no modo e no tempo determinado pelo Bispo diocesano e obrigam a todos os membros do Conselho. Na dúvida de direito, não obrigam[251]; sua interpretação autêntica é competência do Bispo diocesano ou de quem dele receber tal incumbência[252].

Os "regulamentos" são "regras ou normas que se devem observar nas reuniões do Conselho Presbiteral, pelas quais se determina o que pertence à constituição, à direção e ao modo de agir"[253]. Em outras palavras, vão tratar da estrutura interna do Conselho, funcionamento das reuniões, ordem do dia, presidência, moderadores, secretaria, comissões ou grupos de estudo, normas para as intervenções, preparação, realização, conclusão, publicação das reuniões etc. Os regulamentos são aprovados pelo Bispo diocesano e sua elaboração pode também, a exemplo dos Estatutos, contar com a participação de todo o Presbitério.

No apêndice deste livro, apresentamos uma proposta simplificada para os Estatutos e para os Regulamentos do Conselho Presbiteral.

---

[250] Cf. cân. 94 § 3; cânn. 7-22.
[251] Cf. cân. 14.
[252] Cf. cân. 16.
[253] Cân. 95 § 1.

4. O Conselho Presbiteral e os demais órgãos colegiais de sacerdotes

Além do Conselho Presbiteral, há outros dois órgãos colegiais constituídos exclusivamente de sacerdotes que integram a estrutura diocesana: o Colégio dos Consultores e o Cabido da Catedral. A atual legislação canônica, que normatiza tais estruturas pastorais, chegou a ser criticada por alguns como desnecessária e supérflua, segundo uma antiga regra do direito: *non sunt multiplicanda entia absque necessitate!* Para afrontar essa difícil questão, seria necessário um estudo particularizado do Cabido da Catedral e do Colégio dos Consultores, tarefa que, por si só, reclamaria uma outra investigação bem mais abrangente e exaustiva. Não é esse o intento da presente obra.

Por ora, julgamos conveniente apresentar, de forma comparativa, o que são esses três órgãos, quais suas finalidades e suas diferenças. O conhecimento da natureza específica e das tarefas distintas de cada um deles permitirá um julgamento sereno da razão de ser do Código de Direito Canônico, que nada mais é do que um complemento do magistério proposto pelo Concílio Vaticano II, um grande esforço de transferir para a linguagem canonística a eclesiologia conciliar[254].

4.1. Colégio dos Consultores

Definição – Colégio de sacerdotes ao qual competem as funções determinadas pelo direito (cf. cân. 502 § 1).
Constituição – É obrigatória.
Constituinte – Bispo diocesano (cf. cân. 502).

---

[254] Cf. João Paulo II, Constituição apostólica *Sacrae disciplinae legis*, 25/01/1983, AAS 75 (1983) II, 7-14.

Composição – Composto de sacerdotes escolhidos livremente pelo Bispo entre os membros do Conselho Presbiteral, não menos de seis nem mais de doze (cf. cân. 502 § 1).

Duração – Cinco anos. Após esse período, continua a exercer suas funções, até que seja constituído novo Colégio (cf. cân. 502 § 1).

Atribuições

Sede plena: prestar ajuda e colaboração ao Bispo no governo da diocese, sobretudo…

– Deve ser ouvido para a nomeação do ecônomo e sua remoção (cf. cân. 494 §§ 1-2);

– Deve ser ouvido para os atos de administração econômica de um certo valor; o Bispo deve obter seu consentimento para os atos de administração extraordinária, além dos casos indicados pelo direito universal ou os Estatutos de fundação (cf. cân. 1277);

– Requer-se seu consentimento para alienar bens cujo valor esteja entre a quantia mínima e máxima estabelecida pela Conferência Episcopal de pessoas jurídicas não sujeitas ao próprio Ordinário, quando os Estatutos não indicam a autoridade competente; requer-se também seu consentimento para a alienação de bens da diocese (cf. cânn. 1292 § 1; 1295).

Sede vacante: assume tarefas de caráter jurisdicional, a saber:

– Informar à Santa Sé a morte do Bispo (cf. cân. 422);

– Governar a diocese até a escolha do Administrador diocesano, se a Santa Sé não dispuser o contrário e se não houver Bispos auxiliares (cf. cânn. 419; 426);

– Eleger o Administrador diocesano (cf. cân. 421 § 1);

– Presenciar a tomada de posse canônica do novo Bispo (cf. cân. 382 § 1) e do Bispo Coadjutor (cf. cân. 404 § 1);

– Receber a profissão de fé do Administrador diocesano (cf. cân. 833, 4º);

– Receber a eventual renúncia do Administrador diocesano. Nesse caso e no caso da morte do mesmo, deve escolher outro Administrador (cf. cânn. 421; 430);
– Dar o consentimento ao Administrador diocesano (não ao Bispo) para remover o chanceler e os notários da cúria (cf. cân. 485);
– Dar o consentimento ao Administrador diocesano para poder proceder, depois de um ano de vacância da sé, à incardinação e excardinação, e para conceder licença para o traslado para outra Igreja particular (cf. cân. 272);
– Dar o consentimento ao Administrador diocesano para conceder cartas dimissórias aos clérigos seculares que receberão ordens sacras (cf. cân. 1018 § 1, 2º).

Sede impedida – Se faltar ou estiver impedido o Bispo coadjutor e se o Bispo diocesano não tiver indicado uma lista de sacerdotes para substituí-lo, é sua competência escolher um sacerdote para governar a diocese (cf. cân. 413 § 2).

Natureza do voto perante as decisões do Bispo – Deliberativo nos casos supracitados e consultivo nos demais.

Sede Vacante – Não cessa.

4.2. Cabido da Catedral

Definição – Colégio de sacerdotes ao qual compete realizar as funções litúrgicas mais solenes na igreja catedral ou colegiada e desempenhar funções confiadas pelo direito ou pelo Bispo diocesano (cf. cân. 503).

Constituição – É facultativa.

Constituinte – Sé Apostólica (cf. cân. 504).

Composição – Composto de sacerdotes que se distingam pela doutrina e integridade de vida e que exerceram o ministério de modo louvável (cf. cân. 509 § 2).

Duração – Ordinariamente, é organismo permanente.
Atribuições – Funções de caráter prevalentemente litúrgico, mas pode ter outras atribuições conferidas pelo Bispo. Sua participação é prevista no Concílio provincial e no Sínodo diocesano (cf. cânn. 443 § 5; 463 § 1). A Conferência Episcopal pode confiar-lhe as mesmas tarefas do Colégio dos Consultores (cf. cân. 502 § 3).
Natureza do voto perante as decisões do Bispo – Consultivo, exceto se desempenhar as mesmas funções do Colégio de Consultores (cf. cân. 502 § 3).
Sede Vacante – Não cessa.

4.3. Conselho Presbiteral

Definição – Grupo de sacerdotes que, representando o Presbitério, é como o Senado do Bispo, cabendo-lhe ajudar o Bispo no governo da diocese, a fim de se promover o bem pastoral do povo de Deus (cf. cân. 495 § 1).
Constituição – É obrigatória.
Constituinte – Bispo diocesano (cf. cân. 495 § 1).
Composição – Composto de três categorias de sacerdotes:
1) Membros eleitos
2) Membros de direito, em razão do ofício
3) Membros nomeados pelo Bispo
Duração – Mínimo de dois anos (no Brasil) e máximo de cinco anos (cf. cân. 501 § 1).
Atribuições – Deve ser escutado:
1) Nos assuntos de maior importância (cf. cân. 500 § 2);
2) Para a celebração do Sínodo diocesano (cf. cân. 461 § 1);
3) Para ereção, supressão ou notável modificação de uma paróquia (cf. cân. 515 § 2);
4) Para destinar as ofertas entregues à caixa paroquial (cf. cân. 531 § 1);

5) Para a instituição dos Conselhos Pastorais nas paróquias (cf. cân. 536 § 1);
6) Para a redução de uma igreja ao uso profano (cf. cân. 1222 § 2);
7) Para a imposição de tributos especiais em favor das necessidades da diocese (cf. cân. 1263).

Natureza do voto perante as decisões do Bispo — Consultivo. Mas nos casos expressamente determinados pelo direito também delibera (cf. cân. 500 § 2).

Sede Vacante — Cessa. Suas funções são assumidas pelo Colégio dos Consultores.

5
A duração do Conselho Presbiteral

Todo mandato, para ser eficaz e ter vitalidade, exige um tempo razoável, que não convém ser muito prolongado, para não cair no perigo da "perpetuidade" que pode levar ao estancamento e à inoperância, nem muito breve, para não incorrer na impossibilidade do conhecimento do próprio trabalho e na conseqüente inatividade. Isso vale também para o exercício do ofício dos membros do Conselho Presbiteral, cuja duração depende dos seguintes fatores: renovação, ao todo ou em parte; cessação; dissolução; perda do ofício dos membros.

1. Renovação

O cân. 501 § 1 determina que os membros "sejam designados pelo tempo determinado nos Estatutos, de modo porém que todo o Conselho, ou pelo menos parte dele, se renove dentro de cinco anos". É ao Bispo diocesano que compete, portanto, escolher um limite de tempo suficiente, não superior ao período de cinco anos e, conforme a legislação complementar da CNBB, não inferior a um biênio, que permita ao Conselho Presbiteral ajudá-lo de forma satisfatória a bem governar a diocese e a incrementar o bem pastoral do povo de Deus, e inseri-lo nos Estatutos. Levando em conta o limite máximo permitido (cinco anos), muitas dioceses brasileiras inseriram nos Estatutos a duração de um qüinqüênio para os seus Conselhos, fazendo coincidir o término do mandato do Conselho Presbiteral com a decadência de tempo para o Colégio de Consultores[255].

O supracitado cânon fala de *renovação* de todo o Conselho, ou pelo menos de parte dele. A maioria dos autores não considera o termo renovação como substituição, mas como uma *nova constituição*. Ou seja, a renovação é a possibilidade de constituir um novo Conselho Presbiteral, independente de quem foi membro do Conselho que já expirou ou de quem poderá sê-lo pela primeira vez ou sê-lo novamente, mas simplesmente porque o precedente Conselho decaiu e exige-se a formação de um outro.

Recorde-se que a renovação não se aplica aos sacerdotes que, de acordo com os Estatutos, devem ser membros natos, isto é, pertençam ao Conselho em razão do ofício a eles confiado[256]. A renovação se refere às duas partes do Conselho que são "renováveis": os membros nomeados livremente pelo Bispo diocesano e os membros eleitos livremente pelos próprios sacerdotes. Não cremos ser recomendável que nos Estatutos haja uma cláusula proibitiva para a reelegibilidade dos membros. A continuidade, sobretudo quando o Conselho desempenha bem seu papel, é algo auspicioso.

2. Cessação

Quando a sé episcopal se torna vacante pela morte do Bispo diocesano, pela renúncia aceita pelo Romano Pontífice, pela transferência e pela privação intimada ao Bispo[257], "cessa o Conselho Presbiteral, e suas funções são desempenhadas pelo Colégio de

---

[255] Cf. cân. 502 § 1.
[256] Cf. cân. 497, 2º.
[257] Cf. cân. 416.

Consultores"[258]. As razões desta normativa encontram-se também em outras normas que suspendem ou fazem cessar diversos órgãos colegiais na Igreja, quando a sede dos que os presidem fica vacante. Assim como o Concílio Ecumênico fica suspenso, *ipso iure*, durante a vacância da Sé Apostólica, até que o novo Sumo Pontífice o mande continuar ou o dissolva[259], porque unicamente o Romano Pontífice pode aprovar seus decretos[260]; assim como a assembléia do Sínodo dos Bispos suspende-se, *ipso iure*, quando a Sé Apostólica está vacante, porque o sínodo está sujeito diretamente à autoridade do Romano Pontífice, a quem compete, entre outras coisas, estabelecer os temas a serem tratados, determinar a ordem dos assuntos a tratar, presidir o Sínodo pessoalmente ou por outros e ratificar suas decisões[261]; assim como o Concílio provincial não pode ser convocado estando vacante a sé metropolitana, porque compete ao metropolita presidir ao Conselho provincial[262]; assim como, vagando ou ficando impedida a sé episcopal, o Sínodo diocesano se interrompe, *ipso iure*, até que o novo Bispo diocesano decida sobre sua continuação ou declare sua extinção[263], já que o único legislador no sínodo diocesano é o Bispo diocesano[264]; assim como na vacância da sé episcopal cessa o Conselho de pastoral, porque presidi-lo e publicar o que foi nele tratado é competência exclusiva do Bispo diocesano[265], *servatis servandis*, deve cessar também, *a fortiori*, o Conselho Presbiteral,

---

[258] Cân. 501 § 2.
[259] Cf. cân. 340.
[260] Cf. cân. 338 § 1.
[261] Cf. cânn. 343-344.
[262] Cf. cân. 442 § 2.
[263] Cf. cân. 468 § 2.
[264] Cf. cân. 466.
[265] Cf. cân. 514 § 1.

cuja finalidade principal é ajudar o antístite no governo da diocese, como órgão de consulta que nunca pode agir sem o Bispo diocesano.

O Colégio de Consultores também é presidido pelo Bispo, mas apenas durante a sede plena[266]. Todavia, na vacância da sé, não cessa e, por isso, pode agir sem o Bispo diocesano, assumindo as tarefas do extinto Conselho Presbiteral.

3. Dissolução

A normativa canônica vigente estabelece dois casos nos quais o Bispo diocesano pode dissolver o Conselho Presbiteral; e sanciona duas condições nas quais tal decisão será legítima:

"Se o Conselho Presbiteral não cumprir o encargo que lhe foi confiado para o bem da diocese, ou então abusar dele gravemente, o Bispo diocesano pode dissolvê-lo, após consultar o metropolita, ou tratando-se da própria sé metropolitana, após consultar o Bispo sufragâneo mais antigo por promoção; dentro de um ano, porém, deve constituí-lo novamente"[267].

Analisemos as duas situações.

3.1. *Quando o Conselho não cumpre seu encargo*

Ainda que seja algo raro nas dioceses, o caso típico do não-cumprimento do encargo do Conselho Presbiteral é a chamada "greve branca" de seus membros, em suas variadas formas, a sa-

---
[266] Cf. cân. 502 § 2.
[267] Cân. 501 § 3.

ber, não respondendo ou respondendo negativamente à convocação do Bispo. Quando todos ou ao menos a maioria dos membros não participarem deliberadamente das reuniões para protestar contra o Bispo ou quando todos ou a maioria dos membros não colaborarem eficazmente, manifestando sempre o parecer contrário ao do Bispo ou ainda participarem passivamente das reuniões sem emitir o seu parecer, estaria configurada a situação que legitimaria a dissolução do Conselho. Todavia, seria recomendável dissolver o Conselho, se tal situação existisse? Penso que não. Seguramente, quando os membros do Conselho chegam a agir de tal maneira, muito provavelmente as relações do Bispo com todo o Presbitério ou parte considerável dele devem estar estremecidas. A dissolução certamente pioraria ainda mais a situação; além disso, dificilmente o Bispo poderia dentro de um ano constituir um novo Conselho Presbiteral que pudesse responder de forma eficaz a suas funções institucionais.

3.2. *Quando o Conselho abusa gravemente de sua função*

O abuso no cumprimento de um ofício é a extrapolação dos limites da competência do titular do ofício. A competência do Conselho Presbiteral é ajudar o Bispo no governo da diocese, buscando a promoção do bem pastoral de todos os fiéis. Ultrapassaria sua competência quando o Conselho, por exemplo, se transformasse numa espécie de "sindicato de padres" ou num instrumento de pressão – a serviço de um grupo de Presbíteros ou de interesses políticos, teológicos, ideológicos ou financeiros – para enfraquecer a autoridade do Bispo.

O abuso que legitima a dissolução do Conselho tem que ser grave. Não há uma interpretação autêntica sobre o sentido dessa palavra, mas não se pode duvidar que existe gravidade quando os abusos provocam consideráveis prejuízos ao governo da diocese, redundando num sério mal pastoral, sobretudo para aos fiéis. Em última instância, é ao Bispo diocesano que compete julgar se esses abusos são graves ou não.

3.3. As condições a serem observadas

Para evitar abusos, o Código, muito oportunamente, estabelece duas regras para serem observadas em tais circunstâncias: a obrigatória consulta de uma instância extradiocesana e a obrigação de constituir um novo Conselho Presbiteral.

a) A consulta ao metropolita ou sufragâneo mais antigo por promoção – Antes de dissolver o Conselho, o Bispo diocesano deve confrontar-se com uma instância superior: o metropolita ou, tratando-se da sé metropolitana, o Bispo sufragâneo mais antigo por promoção ao episcopado. A consulta, prescrita sob pena de invalidade do ato[268], é uma norma prudencial, com a qual o legislador procurou evitar o risco de arbítrio na decisão do Bispo de dissolver o Conselho e submeter o assunto a outro Bispo que possa, de forma imparcial, dar um conselho paterno e sábio, antes da tomada de uma decisão tão grave. Recorde-se que o Bispo não está obrigado juridicamente a seguir o conselho do consultado, mas poderá haver uma obrigação moral, quando este ponderar todos os aspectos da questão dentro dos parâmetros do amor e da verdade, da justiça e da paz. A consulta pode ser feita pessoalmente ou por carta, telefone, fax, correio eletrônico etc. Para maior segurança jurídica, convém, todavia, que haja uma prova escrita de tal ato.

b) A reconstituição do conselho dentro de um ano – Repercussões negativas certamente traz ao Presbitério o ato de dissolu-

---

[268] Cf. cân. 127 § 2, 2º.

ção do Conselho. Poderão perdurar um bom tempo, nas relações do Bispo com os Presbíteros, as seqüelas desse ato episcopal, dentre as quais a mais grave de todas: a ruptura da comunhão hierárquica, se não de direito ao menos de fato. Todavia, o Conselho Presbiteral é um órgão obrigatório e deve ser reconstituído logo. O direito estabelece o período de um ano, computado o tempo contínuo, para que isso ocorra. Seria desejável que no próprio decreto de dissolvimento, o Bispo diocesano já determinasse os atos preparativos da constituição do novo Conselho. Advirta-se que qualquer atitude do Bispo que deixasse transparecer o "não tenho necessidade do Conselho", além de ser despótica, autoritária e contrária ao direito, acirraria ainda mais os ânimos na diocese.

Levando em conta a normativa vigente, surge um problema: o que fazer se, no período de tempo que vai da dissolução do precedente Conselho até a constituição do novo, o Bispo tiver de realizar os atos que, para a validade, necessitam da escuta do Conselho Presbiteral? O Código não contempla tal situação, pelo que estamos diante de uma lacuna da lei universal. Assim, a resposta à pergunta acima deve partir do cânon 19[269]. Em consonância com boa parte da doutrina, uma das fontes do assim chamado direito supletório (os doutores), opino que o Bispo deveria consultar o Colégio de Consultores, que absorveria, extraordinariamente, as tarefas do Conselho Presbiteral dissolvido, mesmo considerando a diversidade institucional entre os dois organismos. Essa posição parece ser corroborada pelo próprio Código, quando legisla o seguinte para um caso semelhante: "Vagando a sé, o Conselho

---

[269] "Se a respeito de uma determinada matéria falta uma prescrição expressa da lei, universal ou particular, ou um costume, a causa, a não ser que seja penal, deve ser dirimida levando-se em conta as leis dadas em casos semelhantes, os princípios gerais do direito aplicados com eqüidade canônica, a jurisprudência e a praxe da Cúria Romana, a opinião comum e constante dos doutores".

Presbiteral cessa, e suas funções são desempenhadas pelo colégio de consultores"[270].

Segunda dificuldade: e se, passado um ano, o Bispo não tiver reconstituído o Conselho Presbiteral? Mesmo com motivações justificadas, a procrastinação para além desse período da constituição do Conselho não deixaria de ser uma grave anomalia na diocese. Um Bispo que, por um período excessivamente longo, governasse a diocese sem seu Senado, seria o sinal mais evidente da fratura da comunhão sacerdotal e a exposição dolorosa da rejeição recíproca entre o pastor e seus colaboradores necessários, que tantos males causaria aos fiéis; em outras palavras, que poria em risco o bem público. O primeiro passo para a solução do problema é que se evite contenda e "que se procure de comum acordo uma adequada solução entre o Bispo e os Presbíteros, aproveitando-se inclusive da mediação e do esforço de pessoas ponderadas, de modo que seja evitada ou dirimida a controvérsia por caminho idôneo"[271]. Caso isto não surta efeito, julgo que nessa causa contenciosa, na qual "o bem público pode correr perigo, deve cumprir seu papel o promotor de justiça, a quem cabe, por obrigação, tutelar o bem público"[272]. Ordinariamente, "nas causas contenciosas, compete ao Bispo diocesano julgar se o bem público pode ou não correr perigo". Mas isto não se aplica quando a intervenção do promotor de justiça [...] é evidentemente necessária pela própria natureza da coisa"[273], como é este caso clamoroso da inexistência (ou comprometimento) de fato da comunhão hierárquica na diocese. Qual é o tribunal competente para

---

[270] Cân. 501 § 2.
[271] Cân. 1733 § 1.
[272] Cân. 1430.
[273] Cân. 1431.

julgar uma ação movida pelo promotor de justiça contra o Bispo diocesano, urgindo a constituição do Conselho? O Conselho Presbiteral é um órgão obrigatório, algo constitutivo, necessário da diocese. Portanto, tê-lo é um direito da diocese, que é uma pessoa jurídica representada pelo Bispo diocesano. Assim, tratando-se de "direitos [...] de uma pessoa jurídica representada pelo Bispo, julga em primeiro grau o tribunal de apelação"[274].

4. Perda do ofício dos membros

Além da morte, que propriamente não causa uma perda mas a vacância do ofício, seis são as causas da perda do ofício eclesiástico, de acordo com o cân. 184 § 1: tempo prefixado transcorrido, idade completada (determinada pelo direito), renúncia, transferência, destituição e privação. Da primeira causa (tempo prefixado transcorrido) já tratamos. Falemos das outras.

4.1. *Idade completada* – Os Estatutos do Conselho podem estabelecer uma idade-limite para o exercício do mandato de seus conselheiros. Se juridicamente isso é possível, pastoralmente não é recomendável, dado que o aconselhamento (tarefa primordial do Conselho Presbiteral), tanto na experiência pagã quanto na revelação judaico-cristã e na milenar tradição cristã, é próprio dos anciãos. Ocorreria uma inadmissível contradição se tal dispositivo existisse justamente nos Estatutos que regem o Conselho dos anciãos (Presbíteros) da diocese. Com efeito, confundir senilidade com falta de lucidez e delimitar uma idade para além da qual presumida-

---

[274] Cân. 1419 § 2.

mente um Presbítero não teria mais condições de aconselhar o Bispo seriam, ao nosso parecer, um grande equívoco.

4.2. *Renúncia* – Por renúncia entende-se a manifestação inequívoca, por justa causa, feita à autoridade competente, do desejo de não mais exercer a titularidade de um ofício. Para ser válida, a renúncia de um conselheiro deve ser feita ao Bispo diocesano, por escrito ou oralmente diante de duas testemunhas. Ela só produzirá seu efeito se o Bispo, tendo ponderado se a causa foi justa e proporcionada, não rejeitá-la dentro de três meses. A renúncia dos membros natos do Conselho aos ofícios em razão dos quais são conselheiros produz automaticamente, com a aceitação do Bispo, a perda do ofício que exerciam, além da perda do ofício de conselheiros. Os Estatutos determinarão a forma de suplência das vagas dos renunciantes.

4.3. *Transferência* – A transferência é o ato da competente autoridade mediante o qual alguém perde um ofício eclesiástico e, simultaneamente, adquire outro. Essa forma de perda do ofício não se aplica aos conselheiros escolhidos por eleição ou nomeados pelo Bispo, mas apenas aos membros natos em razão do ofício, quando deste são transferidos para outro. Com a transferência, que para produzir efeito deve ser comunicada por escrito, o conselheiro só deixa de sê-lo quando toma posse canônica do ofício para o qual foi transferido, se em função deste não adquirir também a condição de membro nato do Conselho Presbiteral. Ocupa o seu lugar no Conselho Presbiteral aquele que lhe suceder no ofício que dá o direito de participação como membro nato.

4.4. *Destituição* – Alguém é destituído quando perde o ofício contra sua vontade, por decreto da competente autoridade ou por força da lei[275]. A destituição, que não tem necessariamente um caráter penal, pois sua finalidade não é punir um delito e sim garantir o bem público, pode ser feita pelo Bispo diocesano, direta ou indiretamente, ou pelo próprio direito. O Bispo diocesano só pode destituir diretamente um membro do Conselho Presbiteral por uma causa grave e observando-se o modo de proceder determinado pelo direito[276]. Dentre as "causas graves" da destituição, poderíamos citar, por analogia com o cân. 501 § 3, o não cumprimento do encargo ou o abuso grave da função de conselheiro. Para produzir o seu efeito, o decreto de destituição deve ser comunicado por escrito. A destituição do ofício pode ser ainda indireta, quando o Bispo diocesano remove o Presbítero do ofício em razão do qual é membro nato do Conselho Presbiteral. Quando o Presbítero é membro de um Instituto Religioso, também seu superior pode destituí-lo[277]. O mesmo vale para os membros das Sociedades de Vida Apostólica[278]. Contra o decreto de destituição do Bispo, cabe recurso em devolutivo. É competente para julgar o recurso a Congregação para o Clero. A destituição por força do direito universal ocorre em três situações: quando o Presbítero perde o estado clerical, quando abandona publicamente a fé católica ou a comunhão da Igreja ou ainda quando tenta o matrimônio, mesmo só civilmente. Nos dois últimos casos, a destituição só pode ser urgida se constar dela por declaração da autoridade competente[279]. O direito particular, sobretudo os Estatutos do Conselho, também podem estabelecer situações nas quais

---

[275] Cf. cân. 192.
[276] Cf. cân. 193 § 1.
[277] O religioso pode ser destituído do ofício que lhe foi confiado, a juízo da autoridade que o conferiu, avisado o superior religioso, ou a juízo do superior, avisado quem o conferiu, não se exigindo o consentimento do outro (cân. 682 § 2).
[278] Cf. cân. 738.
[279] Cf. cân. 194.

o conselheiro pode ser destituído de seu ofício. Assim, por exemplo, a decadência do ofício por ausência injustificada e continuada às reuniões.

4.5. *Privação* – A privação é a perda de um ofício eclesiástico contra a vontade do titular, como pena imposta por um delito. A pena de privação, que nunca pode ser *latae sententiae*[280], é, no Código de Direito Canônico, uma das punições possíveis para os seguintes delitos: solicitação do penitente para um pecado contra o sexto mandamento do Decálogo, por ocasião de confissão ou com pretexto de confissão[281], abuso de poder ou do ofício eclesiástico[282], violação grave da obrigação de residência em razão de ofício eclesiástico[283], homicídio, rapto ou detenção de alguma pessoa com violência ou fraude ou sua mutilação ou ferimento grave[284]. O direito particular, incluídos os Estatutos do Conselho Presbiteral, pode cominar a privação do ofício para outros delitos, levando em consideração o disposto no cân. 1315 § 3 [285]. A apelação (pedido de intervenção de um tribunal superior contra uma decisão de um tribunal inferior que pareceu injusta ao solicitante) ou recurso (pedido a um tribunal superior que avoque para si a causa sobre a qual é competente um tribunal inferior) contra a sentença judicial ou o decreto que impôs ou declarou a privação tem efeito suspensivo[286], ou seja, os efeitos da pena ficam suspensos até a notificação do resultado final do apelo ou recurso.

---

[280] Cf. cân. 1336 § 2.
[281] Cf. cân. 1387.
[282] Cf. cân. 1389 § 1.
[283] Cf. cân. 1396.
[284] Cf. cân. 1397.
[285] "Uma lei particular pode acrescentar novas penas àquelas já fixadas por uma lei universal para determinado delito; isso, porém, não se deve fazer, senão por gravíssima necessidade. Os procedimentos para infligir a pena de privação do ofício se encontram nos cânn. 1341-1353."
[286] Cf. cân. 1353.

APÊNDICE

DECRETO DE CONVOCAÇÃO

(PROPOSTA)

N.
POR MERCÊ DE DEUS E DA SÉ APOSTÓLICA
BISPO DE X.
NA REPÚBLICA FEDERATIVA DO BRASIL
EM PAZ E COMUNHÃO
COM A SANTA SÉ E O COLÉGIO EPISCOPAL

DECRETO GERAL EXECUTÓRIO

VISTO a necessidade de constituir o Conselho Presbiteral desta Igreja particular;
EM VIRTUDE dos cânn. 31 § 1 e 495 § 1;

PELAS PRESENTES LETRAS

1. CONVOCO todos os membros do Presbitério desta Igreja particular para uma assembléia extraordinária, a ser realizada no Seminário diocesano, situado à Rua _____, n. _____, nesta Sé Episcopal, no dia _____/_____/_____, às _____ horas, na qual será constituído, segundo as normas do direito, o Conselho Presbiteral da diocese X;

2. DETERMINO que a Cúria diocesana, num período não superior a duas semanas contínuas após a data deste Decreto, torne público o teor destas Letras, mediante divulgação no órgão

oficial da Diocese e correspondência com aviso de recebimento a todas as paróquias e institutos religiosos clericais na diocese, recordando que a convocação tem um caráter geral, não pessoal;

3. DISPONHO que os momentos da assembléia eletiva terão a seguinte ordem: anúncio dos membros natos, em razão do ofício, segundo os estatutos; eleição dos presbíteros, conforme as modalidades contidas no regulamento e nos estatutos; nomeação, pelo Bispo diocesano, de alguns membros;

4. COMUNIQUE-SE a quem de direito, publique-se, cumpra-se e arquive-se.

DADAS na Sé Episcopal, no dia __ de _____ do ano 20__

N.
Bispo de X.

Pe. Y
Chanceler da Cúria

ESTATUTOS DO CONSELHO PRESBITERAL

(PROPOSTA)

Artigo 1º *Noção*
O Conselho Presbiteral é o grupo de sacerdotes que, como Senado do Bispo e representando todo o Presbitério, ajuda o Bispo diocesano no governo da diocese de X, segundo as normas do direito, para prover o bem pastoral da mesma (cf. cân. 495 § 1).

Artigo 2º *Regime*
O Conselho Presbiteral da diocese X, além da normativa do Código de Direito Canônico (cf. cânn. 495-501), é regulado pelas normas complementares ao cân. 496, da CNBB, pelo presente Estatuto e pelo anexo Regulamento.

Artigo 3º *Competência*
§ 1 O Bispo diocesano, antes de proceder validamente (cf. cân. 127 § 1), deverá ouvir o Conselho nos casos seguintes:
1º A celebração do Sínodo Diocesano (cf. cân. 461 § 1);
2º A ereção, supressão ou mudança notável das paróquias (cf. cân. 515 § 2).
3º A determinação do destino das ofertas dos fiéis por ocasião das funções paroquiais (cf. cân. 531).
4º A constituição dos Conselhos paroquiais (cf. cân. 536 § 1).
5º A construção de novas igrejas e a redução de igrejas ao uso profano (cf. cânn. 1215 § 2; 1222 § 2).

6º A imposição de tributos ordinários às pessoas jurídicas públicas sujeitas à jurisdição do Bispo diocesano; e a imposição de tributos extraordinários às demais pessoas físicas e jurídicas, quando o exija uma grave necessidade diocesana (cf. cân. 1263).

§ 2 Igualmente, o Conselho deve ser ouvido nos assuntos de maior importância, entre os quais hão de considerar-se:
1º A notável reforma das estruturas de governo da diocese.
2º A determinação do Plano Pastoral Diocesano.
3º E, em geral, todos aqueles assuntos e questões, tanto de natureza pastoral como administrativa, que o Bispo diocesano considere tais por própria iniciativa ou a requerimento dos membros do Conselho, segundo as normas contidas nos Estatutos.

§ 3 Além disso, compete também ao Conselho presbiteral:
1º A participação de todos os seus membros no Sínodo diocesano (cf. cân. 463 § 1, 4o).
2º A eleição de dois de seus membros como procuradores no Sínodo provincial (cf. cân. 443 § 5).
3º Deliberar acerca das medidas adequadas de governo propostas por estudos, avaliações e sugestões feitas pelo Conselho Diocesano de Pastoral.
4º Eleger entre os párocos propostos pelo Bispo diocesano, sejam ou não membros do Conselho presbiteral, os quatro que formam o grupo estável de párocos consultores, que intervirão nas causas de remoção e transferência, segundo as disposições do direito (cf. cânn. 1740ss.).

Artigo 4º *Natureza do voto*
§ 1 O Conselho presbiteral, que por sua própria natureza nunca pode agir sem o Bispo diocesano, goza apenas de voto consultivo, salvo naqueles casos expressamente determinados pelo direito como deliberativos (cf. cân. 500 §§ 2 e 3).

§ 2 Os membros do Conselho Presbiteral, para cumprir sua missão de representatividade e expressão do Presbitério, devem manter um diálogo contínuo com todos os seus representados; mas no tratamento dos temas que figuram na ordem do dia emitem seu parecer por sua própria responsabilidade e não como meros porta-vozes de seus eleitores.

Artigo 5º *Composição*
§ 1 São membros natos do Conselho presbiteral aqueles sacerdotes que desempenham os seguintes ofícios eclesiásticos (cf. cân. 497, 2o):
1º O Vigário Geral
2º Os Vigários Episcopais
3º Os Vigários Judiciais
4º O Reitor do Seminário
5º O Presidente do Cabido da Catedral
6º O Chanceler da Cúria
§ 2 São membros designados aqueles sacerdotes que o Bispo diocesano livremente pode escolher, se considerar oportuno, sem que em nenhum caso seu número, somado ao de membros natos, exceda cinqüenta por cento do total dos membros do Conselho presbiteral (cf. cân. 497, 1º e 3º).

§ 3 São membros eleitos aqueles sacerdotes eleitos livremente por e entre aqueles que gozam do direito de eleição, conforme o teor dos presentes Estatutos, e seguindo o procedimento estabelecido nos mesmos (cf. cân. 497, 1º).

Artigo 6º *Órgãos*
§ 1 São órgãos do Conselho presbiteral a Presidência, a Plenária, a Comissão permanente e a Secretaria geral do Conselho.
A Presidência

§ 2 O Presidente do Conselho presbiteral é o Bispo diocesano, a quem compete:

1º Convocar as eleições para a renovação do Conselho presbiteral (cf. cân. 500 § 1).

2º Convocar e presidir as sessões da Plenária do Conselho presbiteral (cf. cân. 500 § 1).

3º Estabelecer a ordem do dia das sessões da Plenária, ouvida a Comissão permanente e com a colaboração do Secretário do Conselho (cf. cân. 500 § 1).

4º Designar o Moderador das sessões da Plenária.

5º Impor segredo sobre as deliberações e acordos do Conselho, quando considerar oportuno, por grave razão pastoral; assim como autorizar os comunicados à imprensa sobre as sessões do Conselho (cf. cân. 500 § 3; 127 § 3).

6º Interpretar autenticamente os Estatutos e o Regulamento, ouvida a Comissão permanente, assim como resolver os conflitos de competência que possam surgir entre os órgãos do Conselho e entre este e os demais organismos diocesanos.

7º Reformar os Estatutos e o Regulamento, ouvida a Plenária do Conselho.

§ 3 Convocada a Plenária do Conselho presbiteral, se o Bispo diocesano não puder presidi-la pessoalmente, e não adiar a data da sessão, poderá nomear um Presidente Delegado, o qual presidirá a sessão em nome e com a autoridade do Bispo, não tendo, porém, as restantes competências atribuídas ao Presidente no parágrafo 2º. No caso de faltar essa nomeação, presidirá a sessão o Vigário Geral, com as faculdades de Presidente Delegado.

A Plenária

§ 4 A Plenária do Conselho presbiteral é formada por todos os membros do Conselho, quando, reunidos mediante convocação e citação legítima, encontram-se presentes pelo menos dois terços do total dos que devem ser convocados, em primeira convocação, sendo necessária mais da metade em segunda convocação.

A Comissão Permanente
§ 5 A Comissão Permanente é formada pelo Vigário geral, o Secretário do Conselho Presbiteral e três membros do Conselho eleitos pela Plenária.

§ 6 À Comissão Permanente compete, além das competências atribuídas por outros artigos destes Estatutos:

1º Executar os acordos adotados pela Plenária e aprovados pelo Bispo.

2º Deliberar sobre todos os assuntos que o Bispo submeter a sua consideração.

Secretaria Geral
§ 7 O Secretário do Conselho é eleito pela Plenária dentre seus membros, o qual poderá propor, de maneira ocasional ou permanente, um ou vários Vice-secretários, os quais deverão ser ratificados pela maioria absoluta dos membros da Plenária.

§ 8 Ao Secretário do Conselho presbiteral compete:

1º Redigir, ordenar e guardar as atas das reuniões da Plenária, da Comissão permanente e das Comissões de estudo.

2º Comunicar ao Bispo diocesano tudo o que se refere ao Conselho.

3º Tramitar a citação e elaboração, de acordo com o Bispo diocesano, da ordem do dia dos distintos órgãos, bem como do que se refere ao funcionamento do Conselho presbiteral.

4º Coordenar os trabalhos das Comissões de estudo.

Artigo 7º *Cessação e substituição dos membros*
§ 1 Os membros do Conselho presbiteral cessam como tais:

1º Se são membros natos, ao cessarem nos ofícios de que são titulares.

2º Se são membros eleitos ou designados, transcorrido o período de cinco anos para o qual foram eleitos ou designados.

3º Se são membros eleitos, por traslado a uma paróquia fora da circunscrição pela qual foram eleitos.

4º Por renúncia apresentada ao Bispo por escrito e aceita por ele.

5º Por traslado ou ausência da diocese por um período que se preveja notável, a juízo do Bispo.

6º Por falta habitual e injustificada, a juízo do Bispo, às sessões da Plenária ou da Comissão permanente.

7º Por sentença ou decreto de irrogação ou declaração, conforme o direito.

§ 2 Cessam nos cargos que desempenham no Conselho presbiteral todos aqueles que perdem a condição de membros do mesmo.

§ 3 Ademais, cessam no desempenho de tais cargos, sem que obrigatoriamente percam a condição de membros do Conselho:

1º Por renúncia apresentada ao Bispo por escrito e aceita por este.

2º Por remoção intimada pelo Bispo, ouvida a Comissão permanente.

§ 3 A Plenária do Conselho poderá solicitar ao Bispo, por causas graves e mediante acordo adotado por maioria absoluta, a remoção de qualquer um dos que desempenham cargos no Conselho.

§ 4 Os membros do Conselho que cessem como tais por falecimento ou por alguma das causas enumeradas no artículo 7o serão substituídos seguindo as disposições do Regulamento.

Artigo 8º *Dissolução*

§ 1 O Conselho presbiteral é constituído por um período de cinco anos, cessando em seu término todos os membros eleitos em suas funções, procedendo-se, prévio Decreto do Bispo diocesano, a eleição de novos membros. Esses membros eleitos só poderão ser reeleitos para outro período consecutivo.

§ 2 O Conselho Presbiteral é dissolvido com a vacância da sede. O novo Bispo diocesano deverá constituir de novo o Conselho Presbiteral no prazo de um ano, a partir do momento em que tenha tomado posse canônica (cf. cân. 501 § 2).

§ 3 Se o Conselho presbiteral deixar de cumprir sua função em favor do bem da diocese ou abusar gravemente dela, o Bispo diocesano, depois de consultar o Metropolita, pode dissolvê-lo; mas deve constituí-lo novamente, no prazo de um ano (cf. cân. 501 § 3).

Artigo 9º *Cláusula final*

Para os assuntos não previstos no presente Estatuto, recorra-se às normas do Código de Direito Canônico.

REGULAMENTO DO CONSELHO PRESBITERAL

(PROPOSTA)

Artigo 1º *Voz ativa e passiva*
§ 1 Para a constituição do Conselho Presbiteral, têm direito de voz ativa e passiva:
a) Os sacerdotes seculares incardinados na diocese;
b) Os sacerdotes seculares não incardinados na diocese e os pertencentes a algum Instituto de Vida Consagrada, contanto que tenham seu domicílio na diocese X e exerçam algum ofício em favor da mesma, desempenhando tal direito segundo as normas determinadas neste Regulamento.
§ 2 Compete à Cúria Diocesana preparar o elenco dos supracitados sacerdotes.
§ 3 Carecem de direito passivo de eleição aqueles sacerdotes que estejam legitimamente trasladados fora da diocese.

Artigo 2º *Convocação e realização das eleições*
§ 1 Compete ao Bispo diocesano convocar as eleições na forma por ele determinada e presidi-las por si ou por outro.
§ 2 Os escrutínios serão secretos, observando-se as formalidades do cân. 173, do Código de Direito Canônico. As preferências, em número máximo de cinco, serão expressas em cédulas preparadas pela Cúria diocesana.
§ 3 Na escolha dos conselheiros, os eleitores levarão em conta que o Conselho Presbiteral deverá ser representativo dos sacerdotes do Presbitério, em razão dos diversos ministérios e das zonas pastorais da diocese.

§ 4 A sessão eleitoral será válida se estiverem presentes pelo menos dois terços dos sacerdotes que têm direito de votar. Serão eleitos os seis primeiros que tiverem recebido maiores sufrágios. Em caso de empate, será eleito o mais antigo por tempo de ordenação e, em seguida, o mais antigo em idade.

Artigo 3º *Sessões*
§ 1 Na primeira reunião, o Conselho Presbiteral escolherá entre os membros o secretário, que terá a tarefa de:
a) Coadjuvar o Bispo em tudo o que se refere às atividades do Conselho;
b) Redigir a ata de cada sessão;
c) Enviar, com pelo menos 15 dias de antecedência da reunião, a carta de convocação para todos os membros, com a pauta da sessão;
d) Representar o Conselho junto à Comissão Regional do Clero, de acordo com o estatuto da CNBB.

§ 2 A Plenária do Conselho presbiteral se reunirá em sessão ordinária três vezes por ano e em sessão extraordinária quantas vezes o Bispo diocesano julgue necessário, ouvida a Comissão permanente. Uma sessão extraordinária da Plenária poderá suprir ou inclusive assumir os assuntos da sessão ordinária imediata, a juízo do Bispo diocesano, ouvida a Comissão Permanente.

§ 3 A Comissão permanente do Conselho presbiteral se reunirá em sessão ordinária antes de cada sessão da Plenária, e em sessão extraordinária quantas vezes seja convocada pelo Bispo diocesano.

§ 4 Com relação aos atos da Plenária e da Comissão permanente, será observado o estabelecido pelo cân. 119 do Código de Direito Canônico, exceto as especificidades estabelecidas no Regulamento.

§ 5 Os trabalhos da Comissão permanente terão caráter secreto, enquanto não forem informados à Plenária do Conselho.

§ 6 As atas das sessões da Plenária serão dadas a conhecer pela Secretaria geral do Conselho a todos os sacerdotes inscritos no elenco de eleitores, sem prejuízo do estabelecido no artigo 6º § 2, 5o dos Estatutos.

§ 7 As sessões do Conselho serão válidas quando estiverem presentes dois terços dos membros, contanto que todos os conselheiros tenham sido devidamente convocados.

§ 8 As eventuais votações terão escrutínio secreto, a menos que o Bispo, de acordo com o Conselho, não considere isto oportuno. A maioria exigida é a absoluta (mais da metade dos votos válidos).

§ 9 As despesas para o funcionamento do Conselho Presbiteral serão providas pela Cúria diocesana.

NORMAS COMPLEMENTARES DA CNBB SOBRE O CONSELHO PRESBITERAL

(*Recognitio* da Santa Sé de 23-08-1986; Decreto da CNBB de 30-10-1986)

Quanto ao cân. 496:
A CNBB estabelece as seguintes normas sobre os Conselhos Presbiterais:

1. Cada Conselho Presbiteral tenha seu estatuto, preparado com a participação do Presbitério e aprovado pelo Bispo diocesano, de acordo com as normas do direito, bem como a praxe legítima de cada Igreja particular.

2. O estatuto estabeleça o número de membros do Conselho Presbiteral, a proporção de membros eleitos, nomeados e natos, isto é, por razão de ofício, os critérios para a representatividade do Presbitério no conselho.

3. As normas estatutárias para a escolha dos membros do Conselho Presbiteral, quanto à designação dos membros eleitos, inspirem-se na legislação canônica sobre eleições, contidas nos cânn. 119; 164-178; 497-499; designem também os membros por razão de ofício.

4. Os membros do conselho presbiteral sejam designados para não menos de um biênio, exceto os membros em razão de ofício, que serão tais, enquanto ocuparem o cargo.

5. Cada Conselho Presbiteral tenha um representante junto à Comissão Regional do Clero, de acordo com o estatuto da CNBB.

6. Haja um secretário no Conselho Presbiteral, escolhido

dentre seus membros na forma do estatuto, para lavrar as atas e demais tarefas que lhe forem atribuídas.

7. Se possível, o Conselho Presbiteral seja convocado ao menos trimestralmente, para tratar dos assuntos que interessam ao governo da diocese e ao bem pastoral do povo de Deus, conforme o cân. 495 § 1, principalmente aqueles sobre os quais o Bispo diocesano deva consultá-lo por força do direito; a pauta, estabelecida pelo Bispo, abra espaço também às legítimas indicações dos conselheiros.

8. Nas dioceses em que, por causa do número exíguo de Presbíteros ou pela extensão territorial, se torne difícil constituir convenientemente o Conselho Presbiteral, como o preceitua o cân. 495 § 1, constitua-se um Conselho de ao menos três Presbíteros, análogo ao conselho previsto nos cânn. 495 § 2 e 502 § 4.

9. Na designação dos membros e no funcionamento de tal Conselho, apliquem-se, o quanto possível, as normas referentes ao Conselho Presbiteral e ao Colégio dos Consultores, com as devidas adaptações.

ÍNDICE

Apresentação 5

Introdução 9

Capítulo 1
Pressupostos fundamentais 13

1. O Senado na história 13
2. Fundamentação teológica do Conselho Presbiteral 43
3. Os "representados" do Conselho Presbiteral 50
4. O conceito de "representatividade" 54

Capítulo 2
A constituição do Conselho Presbiteral 59

1. A obrigatoriedade 59
2. O tempo 61
3. O procedimento 63
4. O direito de voz ativa e passiva 74
5. A representatividade do Presbitério 87
6. Direitos e deveres do Conselho e dos Conselheiros ... 88

Capítulo 3
A pauta das reuniões: As "questões de maior importância" 91

1. As questões não preceptivas 91
2. As questões preceptivas 104

Capítulo 4
O Bispo diocesano e o caráter consultivo do Conselho Presbiteral 115

1. O papel do Bispo diocesano 115
2. A natureza do voto do Conselho Presbiteral 119
3. Os Estatutos e os Regimentos 122
4. O Conselho Presbiteral e os demais órgãos colegiais de sacerdotes 124

Capítulo 5
A duração do Conselho Presbiteral 129

1. Renovação 129
2. Cessação 130
3. Dissolução 132
4. Perda do ofício dos membros 137

Apêndice 141

1. Decreto de Convocação (proposta) 143
2. Estatutos do Conselho Presbiteral (proposta) 145
3. Regulamento do Conselho Presbiteral (proposta) 152
4. Normas complementares da CNBB sobre o Conselho Presbiteral 155